正しく使いこなすための

ビジネス語彙トレ

プレゼン・打合せで役立つ
カタカナ語&頻出ワード
720

「ビジネス語彙トレ」編集室 著

ペルソナ の設定が重要だ

彼女を担当に アサイン するよ

値上げの可能性を 示唆 した

はじめに

本書は、小学生・中学生向けの語彙力ドリルとしてご好評をいただいている「語彙力アップ」シリーズを再編集した、大人向けの語彙トレーニングの本です。再編集にあたり、ビジネスシーンやニュースによく登場する言葉を、大幅に増やしました。とくに、意外と意味を正しく理解できていない方が多い、カタカナ語を中心に取り上げています。「リソース」「ペルソナ」「エンゲージメント」「コーポレートガバナンス」「リマインド」「モーダルシフト」……、聞いたことはあると思いますが、正しく意味を理解し、使いこなせていますか？

また、カタカナ語以外にも、メールやビジネス文書における頻出ワードや、ビジネスシーンによく登場する四

字熟語や慣用句も集めています。

本書は、以下の3つの章で構成されています。

第1章　「ビジネスシーン」でよく使うカタカナ語

第2章　「ニュース」によく登場するカタカナ語・略語

第3章　知っておきたい必須ワード・言い回し

本シリーズの大きな特徴は、言葉を例文に当てはめる形式で、問題を作成している点にあります。それによって、「言葉+意味+使い方」のセットで、言葉をしっかりとマスターできるようになっています。

「なんとなく知っている」から、「きちんと使える」へ。プレゼンや営業トーク、会議や打ち合わせで失敗しないよう、ぜひ本書をお役立てください。

「ビジネス語彙トレ」編集室

本書の使い方

Step 1 意味のわかる言葉をチェック！　意味のわからない言葉は、Step 3 でその意味を確かめましょう。

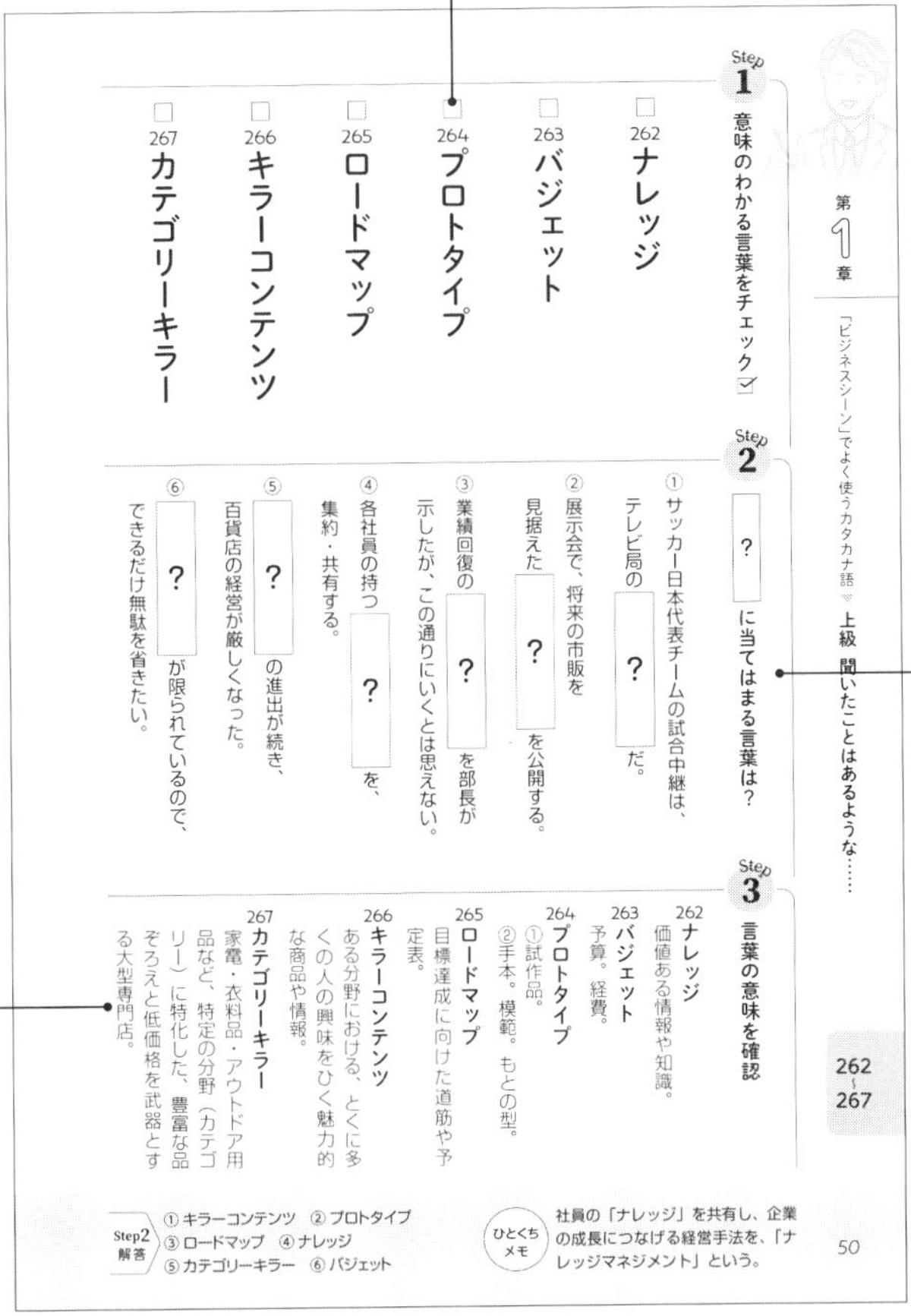

第1章　「ビジネスシーン」でよく使うカタカナ語　上級　聞いたことはあるような……　262〜267

Step 1 意味のわかる言葉をチェック☑

- □ 262 ナレッジ
- □ 263 バジェット
- □ 264 プロトタイプ
- □ 265 ロードマップ
- □ 266 キラーコンテンツ
- □ 267 カテゴリーキラー

Step 2 [?] に当てはまる言葉は？

① サッカー日本代表チームの試合中継は、テレビ局の [?] だ。
② 展示会で、将来の市販を見据えた [?] を公開する。
③ 業績回復の [?] を部長が示したが、この通りにいくとは思えない。
④ 各社員の持つ [?] を、集約・共有する。
⑤ [?] の進出が続き、百貨店の経営が厳しくなった。
⑥ [?] が限られているので、できるだけ無駄を省きたい。

Step 3 言葉の意味を確認

262 **ナレッジ**　価値ある情報や知識。
263 **バジェット**　予算。経費。
264 **プロトタイプ**　①試作品。②手本。模範。もとの型。
265 **ロードマップ**　目標達成に向けた道筋や予定表。
266 **キラーコンテンツ**　ある分野における、とくに多くの人の興味をひく魅力的な商品や情報。
267 **カテゴリーキラー**　家電・衣料品・アウトドア用品など、特定の分野（カテゴリー）に特化した、豊富な品ぞろえと低価格を武器とする大型専門店。

Step2 解答　① キラーコンテンツ　② プロトタイプ　③ ロードマップ　④ ナレッジ　⑤ カテゴリーキラー　⑥ バジェット

ひとくちメモ　社員の「ナレッジ」を共有し、企業の成長につなげる経営手法を、「ナレッジマネジメント」という。

50

Step 2 Step 1 で出てきた言葉を適切に使って、文章を完成させましょう。解答は、ページの下にあります。

Step 3 言葉の意味を正確におぼえて、使いこなせるようにしましょう！

第1章

「ビジネスシーン」でよく使うカタカナ語

初級　知っていて当然!?

Step 1 意味のわかる言葉をチェック☑

□ 001 アクセス

□ 002 ポジティブ

□ 003 ネガティブ

□ 004 メンタリティー

□ 005 リサーチ

Step 2 ? に当てはまる言葉は？

① 消費者の動向を ? し、販売戦略に活かす。

② 今年はいろいろなことに、 ? にチャレンジしたい。

③ 彼の、くよくよしない ? を、見習いたい。

④ 目的地までの ? が悪く、3度、バスを乗りかえた。

⑤ 失敗をおそれ、 ? になってしまう。

Step 3 言葉の意味を確認

001 アクセス
①ある場所へ行く方法。接近。行きやすさ。
②ネットワークを介して、別のコンピューターに接続すること。とくに、インターネット上にある情報を見ること。

002 ポジティブ
①前向きで、自ら進んで行動するようす。積極的。
②肯定的。

003 ネガティブ
①自分から、進んで行動しないようす。消極的。
②否定的。

004 メンタリティー
物事に取り組む際の心構え。育まれてきた精神構造。

005 リサーチ
調査。研究。

001〜005

Step2 解答　① リサーチ　② ポジティブ　③ メンタリティー　④ アクセス　⑤ ネガティブ

ひとくちメモ　「ポジティブ」の①と似た意味を持つ言葉に、「アクティブ」がある。

Step 1 意味のわかる言葉をチェック☑

□ 006 ワースト

□ 007 コンディション

□ 008 プロセス

□ 009 ランダム

□ 010 リタイア

□ 011 リアルタイム

Step 2 [?]に当てはまる言葉は？

① 前日にお酒を飲み過ぎて、[?]をくずした。

② 仕事を[?]したあと、彼女はボランティア活動に力を入れている。

③ [?]に指名した100人から、アンケートを回収する。

④ 結果も大事だが、そこにいたるまでの[?]も大事だ。

⑤ インターネット上で、状況の変化を[?]で確認できるようになった。

⑥ 歴代[?]の売り上げを、このままでは記録してしまう……。

Step 3 言葉の意味を確認

006 **ワースト**
最低。最悪。

007 **コンディション**
①状態。体調。
②条件。

008 **プロセス**
①手順。工程。
②ある結果に達するまでの道筋。過程。

009 **ランダム**
決まった法則性を持たずに、偶然に任せること。計画を立てないこと。

010 **リタイア**
①引退。退職。
②競技における、退場や棄権。

011 **リアルタイム**
時間のずれがないこと。すぐその時。

Step2 解答
①コンディション ②リタイア ③ランダム ④プロセス ⑤リアルタイム ⑥ワースト

ひとくちメモ
「ワースト」の対義語は、「最高」を意味する「ベスト」。

Step 1 意味のわかる言葉をチェック☑

☐ 012 メリット
☐ 013 デメリット
☐ 014 カリスマ
☐ 015 マックス
☐ 016 タイムリー
☐ 017 コミュニケーション

Step 2 [?] に当てはまる言葉は？

① 会社が急成長をとげた。[?] 性のある社長により、

② 急行列車は早く目的地に行けるが、混雑する [?] もある。

③ 早起きには、時間を有効に使える、健康にいいなど、[?] がたくさんある。

④ 普段から [?] を取っているので、彼との信頼関係はばっちりだ。

⑤ 容量が [?] に達したので、これ以上は無理です。

⑥ その申し出は、まさに [?] なものだった。

Step 3 言葉の意味を確認

012 **メリット**
有利な点。価値。

013 **デメリット**
欠点。損失。

014 **カリスマ**
人々を魅了する優れた資質や能力。また、それを持っている人。

015 **マックス**
「マキシマム」の略。最大。最大限。

016 **タイムリー**
ちょうどよいときに行われるようす。タイミングがよいようす。

017 **コミュニケーション**
自分の気持ちや考えを、言葉や身ぶりなどで、伝え合うこと。

Step2 解答
① カリスマ ② デメリット ③ メリット
④ コミュニケーション ⑤ マックス
⑥ タイムリー

ひとくちメモ
「マキシマム（マックス）」の対義語は、「最小」「最小限」を意味する「ミニマム」。

Step 1 意味のわかる言葉をチェック☑

□ 018 ピーク

□ 019 パブリック

□ 020 ディスカッション

□ 021 ジャッジ

□ 022 スローガン

□ 023 クリエイター

Step 2 ［？］に当てはまる言葉は？

①「失敗をおそれるな！」が、今月の［？］だ。

②混雑が［？］の時間帯に、駅へ行ってしまった。

③音楽家、イラストレーター、映像作家などの［？］が集まるイベント。

④白熱した［？］は、夜遅くまで続いた。

⑤最終的な［？］は、リーダーがくだした。

⑥このロビーは、［？］なスペースなので、静かにするように。

Step 3 言葉の意味を確認

018 **ピーク**
最も高まった状態。

019 **パブリック**
公共の。社会全体の。みんなが使う。

020 **ディスカッション**
あるテーマのもと、互いに意見を戦わせること。討論。議論。

021 **ジャッジ**
①判断。また、判断する。
②審判。また、審判のくだす判定。

022 **スローガン**
主張を短めの語句で、簡単にいいあらわしたもの。標語。

023 **クリエイター**
創作者。新しいアイデアなどを、形にする仕事をしている人。

Step2 解答
①スローガン　②ピーク　③クリエイター
④ディスカッション　⑤ジャッジ
⑥パブリック

ひとくちメモ
「ピーク」のもともとの意味は、「山の頂上」。

Step 1 意味のわかる言葉をチェック☑

□ 024 リスク

□ 025 アクション

□ 026 リセット

□ 027 ミーティング

□ 028 エコロジー

□ 029 コーディネート

Step 2 [?] に当てはまる言葉は？

① 考えがまとまらなかったので、風呂に入って気持ちを [?] した。

② 牛乳パックのリサイクルを通して、[?] への理解を深める。

③ たばこは、肺がんの [?] を高める。

④ あれこれ考える前に、まずは [?] を起こそう。

⑤ 外出時の [?] を考えるのが、楽しい。

⑥ 新サービスに関する [?] で、それぞれがアイデアを出し合う。

Step 3 言葉の意味を確認

024 **リスク**
危険。

025 **アクション**
行動。活動。動作。

026 **リセット**
最初の状態に戻すこと。最初からやり直すこと。

027 **ミーティング**
打ち合わせ。会議。

028 **エコロジー**
①環境にやさしいこと。エコ。②生態学（生物と環境の関係を研究する学問）。

029 **コーディネート**
①服装やインテリアなどを決める際、全体のバランスが調和するように、うまく組み合わせること。②異なる部門や組織を調整し、まとめること。

Step2 解答
①リセット ②エコロジー ③リスク
④アクション ⑤コーディネート
⑥ミーティング

ひとくちメモ
電気自動車など、環境への負担が少ない自動車のことを、「エコカー」という。

Step 1 意味のわかる言葉をチェック☑

□ 030 ペイ

□ 031 ピンポイント

□ 032 バリエーション

□ 033 モチベーション

□ 034 シチュエーション

□ 035 ジェネレーション

Step 2 [?]に当てはまる言葉は？

① 彼とは20歳以上離れているので、話すと、[?]の違いを感じる。

② だれもが聞きたかったことを、[?]で質問する。

③ 仕事の[?]が、なかなか上がらない。給料を上げてほしい。

④ こんなに製作費をかけて、本当に[?]できるの？

⑤ [?]豊かな品ぞろえが、多くのお客さんの心をつかんだ。

⑥ 経験したことがない[?]に、緊張する。

Step 3 言葉の意味を確認

030 **ペイ**
①採算がとれること。②支払うこと。③給料。

031 **ピンポイント**
正確な位置。狙い定めた場所。また、狙い定めること。

032 **バリエーション**
多様性。変化。種類。

033 **モチベーション**
やる気。また、やる気にさせること。動機づけ。

034 **シチュエーション**
状況。

035 **ジェネレーション**
世代。同時代に生まれた人々。

030〜035

Step2 解答
① ジェネレーション ② ピンポイント
③ モチベーション ④ ペイ
⑤ バリエーション ⑥ シチュエーション

ひとくちメモ
世代間の感覚や考え方の差のことを、「ジェネレーションギャップ」という。

Step 1 意味のわかる言葉をチェック☑

□ 036 カテゴリー
□ 037 バイタリティー
□ 038 ノウハウ
□ 039 グレーゾーン
□ 040 ビギナー
□ 041 インプット

Step 2 [?]に当てはまる言葉は？

① 仕事の[?]を、先輩社員から教わり、効率が上がった。
② 彼の取った行動は、規則違反かどうかの[?]にあるね。
③ 最初は、[?]向けのテキストを使って勉強する。
④ 自身の成長のために、本を読んで、[?]につとめよう。
⑤ 持ち前の[?]で、数々のピンチを乗り切ってきた。
⑥ あとでわからなくならないように、資料を[?]別に分ける。

Step 3 言葉の意味を確認

036 **カテゴリー**
分類。同じ性質のものが属する範囲。

037 **バイタリティー**
生命力。活力。力強さ。

038 **ノウハウ**
あることを効率よくするために必要な、専門的な技術や知識。

039 **グレーゾーン**
どっちつかずの領域。はっきりしない領域。

040 **ビギナー**
初心者。

041 **インプット**
①知識や情報を得ること。②コンピューターに、データを入れること。③あるものをつくるために投入する、材料や労働力。

Step2 解答
① ノウハウ ② グレーゾーン ③ ビギナー ④ インプット ⑤ バイタリティー ⑥ カテゴリー

ひとくちメモ
「ビギナー」の対義語は、「熟練者」を意味する「エキスパート」。

Step 1 意味のわかる言葉をチェック☑

□ 042 アウトプット
□ 043 ステップアップ
□ 044 タイムリミット
□ 045 スケール
□ 046 フォーマル
□ 047 クオリティー

Step 2 ［？］に当てはまる言葉は？

① ［？］がなければ、せっかく得た知識も、身につかない。
② ［？］な場だったので、いつもより服装に気をつかった。
③ ［？］まで、あと3日。それまでに仕事が終わるかなあ……。
④ どの試作品も［？］が高く、驚いた。
⑤ 大自然の［？］に、すっかり圧倒されてしまった。
⑥ あせらないで、一歩ずつ、［？］を図っていこう。

Step 3 言葉の意味を確認

042 **アウトプット**
①得た知識や情報を活かして、行動すること。②ディスプレイやプリンターなどの機器を通じて、コンピューターのデータを外に出すこと。③材料や労働力などを投入し、つくり出したもの。

043 **ステップアップ**
段階的に、進歩すること。

044 **タイムリミット**
期限。制限時間。

045 **スケール**
規模。程度。

046 **フォーマル**
正式であるようす。儀礼的。

047 **クオリティー**
質。品質。

042～047

Step2 解答
①アウトプット ②フォーマル
③タイムリミット ④クオリティー
⑤スケール ⑥ステップアップ

ひとくちメモ
「高品質」を意味する言葉に、「ハイクオリティー」がある。

Step 1 意味のわかる言葉をチェック☑

□ 048 クレーム

□ 049 リスペクト

□ 050 スタンス

□ 051 スパン

□ 052 マンネリ

□ 053 プラスアルファ

Step 2 [?]に当てはまる言葉は？

① 明日、あさってではなく、もう少し長い[?]で考えよう。

② 新たな道を切り開いた先輩を、心から[?]している。

③ 店内が暗すぎると、お客様から[?]があった。

④ 知識を深めるには、日々の業務だけでなく、[?]の勉強も必要だ。

⑤ 中立の[?]を、彼は最後までくずさなかった。

⑥ [?]化した生活を、習い事を始めて改める。

Step 3 言葉の意味を確認

048 **クレーム**
苦情。文句。

049 **リスペクト**
尊敬。

050 **スタンス**
①立場。態度。
②野球やゴルフなどで、ボールを打つときの両足の位置。

051 **スパン**
期間。間隔。

052 **マンネリ**
「マンネリズム」の略。同じことの繰り返しだったり、決まりきったやり方だったりで、おもしろみや新鮮味がないこと。

053 **プラスアルファ**
今あるものに、いくらか付け加えること。

Step2 解答 ①スパン ②リスペクト ③クレーム ④プラスアルファ ⑤スタンス ⑥マンネリ

ひとくちメモ 「マンネリ」と似た意味の言葉に、「ワンパターン」がある。

Step 1 意味のわかる言葉をチェック☑

□ 054 マーケティング

□ 055 リニューアル

□ 056 パワハラ

□ 057 スタンダード

□ 058 マンツーマン

□ 059 ボキャブラリー

Step 2 [?]に当てはまる言葉は？

① 先輩に仕事を、[?]で教えてもらう。

② [?]の方法を一から見直したことで、売り上げが回復した。

③ 彼女は洋画が好きなだけあって、英語の[?]が豊富だ。

④ [?]に対する相談窓口を、社内に設ける。

⑤ まよったので、みんなが利用している最も[?]なタイプを選んだ。

⑥ あの店は[?]後、飛躍的に売り上げがのびたそうだ。

Step 3 言葉の意味を確認

054 **マーケティング**
ものやサービスを売るために、企業が行う活動。

055 **リニューアル**
新しくすること。改装。

056 **パワハラ**
「パワーハラスメント」の略。職場における権力を背景にした、精神的・身体的な暴力や嫌がらせのこと。

057 **スタンダード**
ごく普通なこと。標準的なこと。

058 **マンツーマン**
ひとりの人間に、ひとりの人間が対応すること。1対1の関係。

059 **ボキャブラリー**
語彙。

Step2 解答
① マンツーマン ② マーケティング
③ ボキャブラリー ④ パワハラ
⑤ スタンダード ⑥ リニューアル

ひとくちメモ
「セクハラ」は性的な嫌がらせ、「モラハラ」は言葉や態度による嫌がらせ。

054〜059

Step 1 意味のわかる言葉をチェック☑

□ 060 スキル
□ 061 リストラ
□ 062 グローバル
□ 063 フォーマット
□ 064 リーズナブル
□ 065 マウント

Step 2 [?]に当てはまる言葉は?

① 会社の存続を図るため、従業員を削減するなど、[?]を行った。
② 豪華な店構えのわりに、[?]な値段で安心した。
③ [?]に沿って、書類に記入する。
④ 海外でも活躍できる、[?]な人材を育てる。
⑤ 相手を見下し、[?]を取って話すので、彼は嫌われている。
⑥ この一年で、仕事の[?]が飛躍的に向上した。

Step 3 言葉の意味を確認

060 **スキル**
技術。技能。

061 **リストラ**
「リストラクチュアリング」の略。従業員の解雇、事業の縮小、成長部門の強化など、組織を再構築すること。

062 **グローバル**
世界的。

063 **フォーマット**
形式。

064 **リーズナブル**
①価格が手ごろ。
②適切。正当。

065 **マウント**
「自分のほうが上の立場の人間だ!」と、相手にアピールする態度。

Step2 解答
① リストラ ② リーズナブル ③ フォーマット
④ グローバル ⑤ マウント ⑥ スキル

ひとくちメモ
日本では、「リストラ」=「解雇」の印象が強く、悪いイメージの言葉として定着してしまった。

Step 1 意味のわかる言葉をチェック

□ 066 コスト

□ 067 プライバシー

□ 068 オンライン

□ 069 オフライン

□ 070 バックアップ

□ 071 パフォーマンス

Step 2 ？に当てはまる言葉は？

①パソコンがあれば、家にいても？での打ち合わせが可能だ。

②利用者の？の保護は重要だ。

③？がかかりすぎて、このままでは赤字になるよ。

④休みなく働き続けたので、？が低下している。

⑤パソコンが？のため、インターネットが利用できない。

⑥データの消失に備えて、こまめに？を取っておこう。

Step 3 言葉の意味を確認

066 **コスト**
費用。原価。

067 **プライバシー**
個人の生活や秘密。

068 **オンライン**
ほかのコンピューターやインターネットと、つながっている状態。

069 **オフライン**
ほかのコンピューターやインターネットと、つながっていない状態。

070 **バックアップ**
データの予備を取っておくこと。

071 **パフォーマンス**
①効率。
②コンピューターなどの性能。
③ダンスなどの表現行為。
④目立つためにやる行為。

066〜071

Step2解答 ①オンライン ②プライバシー ③コスト ④パフォーマンス ⑤オフライン ⑥バックアップ

ひとくちメモ 「コスト」は、お金だけでなく、時間や労力などの意味もふくめて、使用する場合がある。

Step 1 意味のわかる言葉をチェック☑

- □ 072 ポリシー
- □ 073 ケアレスミス
- □ 074 カジュアル
- □ 075 プレゼン
- □ 076 スポンサー
- □ 077 コンスタント

Step 2 [？]に当てはまる言葉は？

① しっかりした[？]を持って、行動する。

② 大勢の前での[？]は、とても緊張する。

③ 今日の彼は、いつものスーツ姿ではなく、[？]な服装で出社してきた。

④ 発売から、[？]に売れ続けている商品。

⑤ 寝不足のせいか、[？]が多く、みんなに迷惑をかけてしまった。

⑥ [？]企業のコマーシャルが、番組と番組の合間に流れる。

Step 3 言葉の意味を確認

072 **ポリシー**
①方針。指針。
②政策。

073 **ケアレスミス**
「ケアレスミステーク」の略。能力や知識の不足ではなく、注意不足による誤り。

074 **カジュアル**
くつろいだ感じ。気軽な感じ。

075 **プレゼン**
「プレゼンテーション」の略。発表。説明。

076 **スポンサー**
①番組提供者。
②事業などの援助者。

077 **コンスタント**
ある水準で一定していて、変わらない。

Step2解答
① ポリシー　② プレゼン　③ カジュアル　④ コンスタント　⑤ ケアレスミス　⑥ スポンサー

ひとくちメモ
企業や組織などが示す、個人情報の取り扱い方針のことを、「プライバシーポリシー」という。

Step 1

意味のわかる言葉をチェック☑

□ 078 オーソドックス

□ 079 クライアント

□ 080 アポイントメント

□ 081 バグ

□ 082 ダウンロード

□ 083 アップロード

Step 2

［？］に当てはまる言葉は？

① ゲームの［？］を、プログラマーが見つけて、修正する。

② データを［？］したので、それぞれのパソコンから確認してください。

③ 彼は［？］も取らず、いきなり会社にやって来た。

④ 市のウェブサイトから、自身のパソコンに［？］したファイルを開く。

⑤ ［？］の希望をよく聞いて、仕事を進める。

⑥ いろいろなタイプを販売してみたが、結局は、［？］なタイプに人気が集まった。

Step 3

言葉の意味を確認

078 **オーソドックス**
伝統的。正統的。

079 **クライアント**
依頼人。得意先。広告主。

080 **アポイントメント**
会う約束。アポ。アポイント。

081 **バグ**
コンピューターの、プログラム上のミス。

082 **ダウンロード**
手もとのコンピューターに、ネットワークを介して、別のコンピューターやサーバーからデータを転送してくること。

083 **アップロード**
手もとのコンピューターに保存しているデータを、ネットワークを介して、別のコンピューターやサーバーに転送すること。

Step2 解答
① バグ　② アップロード
③ アポイントメント　④ ダウンロード
⑤ クライアント　⑥ オーソドックス

ひとくちメモ
「バグ」は、英語で「小さな虫」を意味する「bug」に由来。

中級 意外と意味があやふや!?

Step 1 意味のわかる言葉をチェック☑

- □ 084 メンター
- □ 085 シェア
- □ 086 マネタイズ
- □ 087 ネームバリュー
- □ 088 コストパフォーマンス

Step 2 ［？］に当てはまる言葉は？

① 動画配信を［？］できれば、資金不足も解決するのだが……。

② この自動車会社は、業界2位の国内［？］を誇っている。

③ ［？］の先輩に、仕事の悩みを相談する。

④ 彼女の［？］は抜群で、だれもがすぐに顔を思い浮かべられる。

⑤ 大金を支払ったのに、結果がこれでは、［？］が悪すぎる。

Step 3 言葉の意味を確認

084 メンター
助言者。主に、後輩社員の精神面のサポートを担当する先輩社員。

085 シェア
①「マーケットシェア」の略。ある市場において、ある企業の商品の販売数が占めている割合。市場占有率。②分けること。分担。分配。

086 マネタイズ
利益を生むサービスにすること。収益化。

087 ネームバリュー
世の中に、名前がよく知られていること。知名度。

088 コストパフォーマンス
支払った金額に対する、品質や満足度。費用対効果。コスパ。

Step2 解答 ① マネタイズ ② シェア ③ メンター ④ ネームバリュー ⑤ コストパフォーマンス

ひとくちメモ 「メンター」から助言を受ける側を、「メンティー」という。

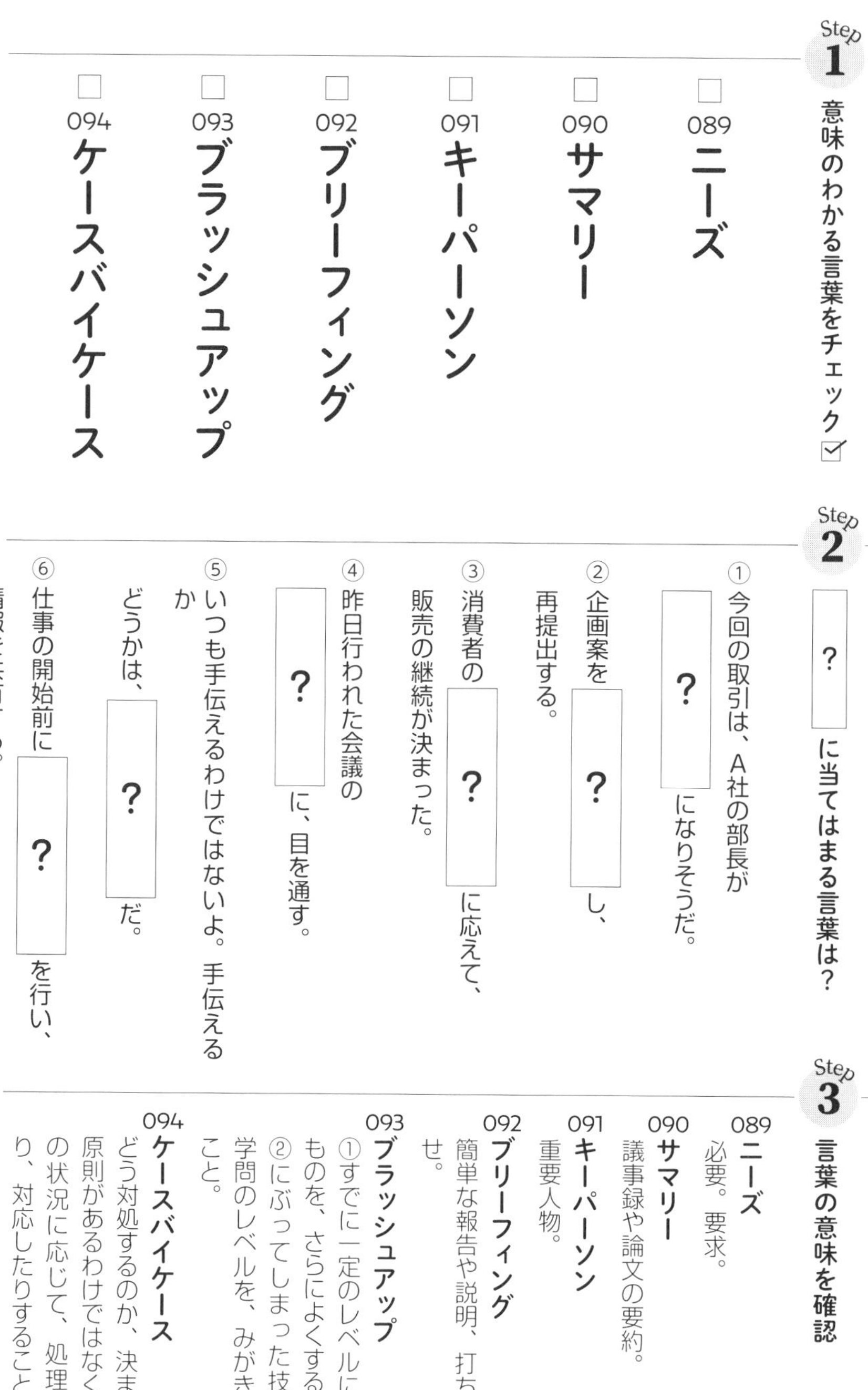

Step 1 意味のわかる言葉をチェック☑

□ 089 ニーズ
□ 090 サマリー
□ 091 キーパーソン
□ 092 ブリーフィング
□ 093 ブラッシュアップ
□ 094 ケースバイケース

Step 2 [?]に当てはまる言葉は？

① 今回の取引は、A社の部長が[?]になりそうだ。
② 企画案を[?]し、再提出する。
③ 消費者の[?]に応えて、販売の継続が決まった。
④ 昨日行われた会議の[?]に、目を通す。
⑤ いつも手伝えるわけではないよ。手伝えるかどうかは、[?]だ。
⑥ 仕事の開始前に[?]を行い、情報を共有する。

Step 3 言葉の意味を確認

089 **ニーズ**
必要。要求。

090 **サマリー**
議事録や論文の要約。

091 **キーパーソン**
重要人物。

092 **ブリーフィング**
簡単な報告や説明、打ち合わせ。

093 **ブラッシュアップ**
①すでに一定のレベルにあるものを、さらによくすること。②にぶってしまった技術や学問のレベルを、みがき直すこと。

094 **ケースバイケース**
どう対処するのか、決まった原則があるわけではなく、その状況に応じて、処理したり、対応したりすること。

089〜094

Step2 解答
① キーパーソン　② ブラッシュアップ　③ ニーズ　④ サマリー　⑤ ケースバイケース　⑥ ブリーフィング

ひとくちメモ
介護の現場では、「要介護者の関係者で、介護方針の決定に影響力を持つ人物」を、「キーパーソン」と呼ぶ。

Step 1 意味のわかる言葉をチェック☑

□ 095 ハードウェア
□ 096 ソフトウェア
□ 097 スペック
□ 098 インセンティブ
□ 099 ヒートアップ
□ 100 フレームワーク

Step 2 ？ に当てはまる言葉は？

① できあがった ？ に沿って、仕事をこなしていく。

② OSとは、パソコンを動かす基本 ？ のこと。

③ 給与の出来高払いが、社員のやる気を高める ？ となる。

④ パソコンのディスプレイやキーボードは、 ？ にふくまれる。

⑤ このパソコンは、 ？ は高いけど、価格も高いんだよなあ……。

⑥ 終盤になって、ますます議論が ？ してきた。

Step 3 言葉の意味を確認

095 **ハードウェア**
パソコンなどのコンピューター本体や周辺機器、また、その部品など、しっかりとした形があるもの。ハード。

096 **ソフトウェア**
コンピューターを動かすプログラムやデータなど、手でさわれるしっかりとした形がないもの。ソフト。

097 **スペック**
性能を記した仕様書。また、その性能。

098 **インセンティブ**
やる気を出させるための刺激や制度。

099 **ヒートアップ**
熱気を帯びること。

100 **フレームワーク**
基本となる計画や枠組み。

Step2 解答
① フレームワーク ② ソフトウェア
③ インセンティブ ④ ハードウェア
⑤ スペック ⑥ ヒートアップ

ひとくちメモ
「ソフトウェア」は、「OS」と「アプリケーションソフト（アプリ）」に大きく分けられる。

Step 1 意味のわかる言葉をチェック☑

□ 101 リアリティー

□ 102 リテラシー

□ 103 ブレークタイム

□ 104 デスクワーク

□ 105 アップデート

□ 106 セオリー

Step 2 ？ に当てはまる言葉は？

① 不具合を修正するために、アプリの ？ を行う。

② 話が大げさすぎて、 ？ に欠ける。

③ ？ 通りには、なかなかいかないもんだよ。

④ たまには ？ も取らないと、仕事の効率が落ちてしまうよ。

⑤ 情報 ？ は、情報があふれている現代社会において、大切な能力だ。

⑥ ？ が多いと、肩こりや腰痛になりやすい。

Step 3 言葉の意味を確認

101 **リアリティー**
現実感。

102 **リテラシー**
①《「情報」「金融」「ネット」などの言葉を前につけ》適切に扱う能力。②読んだり、書いたりする能力。

103 **ブレークタイム**
休憩時間。途中休憩。

104 **デスクワーク**
事務や勉強など、机に向かってする仕事や作業。

105 **アップデート**
ソフトウェアの内容を、部分的に更新すること。

106 **セオリー**
①一般的な手順。②最もいいと思われる方法。③理論。学説。

101〜106

Step2 解答
① アップデート ② リアリティー ③ セオリー ④ ブレークタイム ⑤ リテラシー ⑥ デスクワーク

ひとくちメモ
大幅な「アップデート」の場合は、「アップグレード」の言葉が用いられることが多い。

Step 1 意味のわかる言葉をチェック☑

- □ 107 ベクトル
- □ 108 バロメーター
- □ 109 レアケース
- □ 110 トップダウン
- □ 111 ボトムアップ
- □ 112 ハイリスクハイリターン

Step 2 ［？］に当てはまる言葉は？

① 昨日のあの件は、［？］だよ。めったに起こらないので、気にしないで。

② ［？］型の経営は、方針決定から実行までが早い。

③ ［？］型の経営は、現場の意見が反映されやすい。

④ 堅実な彼は、［？］な投資は、やらない主義だ。

⑤ 食欲は、私にとって健康の［？］だ。

⑥ 彼とは［？］が合うので、うまくいくだろう。

Step 3 言葉の意味を確認

107 ベクトル
考え方の方向。方向性。

108 バロメーター
①状態を知るための基準。指標。②気圧計。

109 レアケース
めずらしいこと。

110 トップダウン
組織の上層部が方針などを決め、下部組織にそれを実行させる方式。

111 ボトムアップ
下部組織の意見を取り入れ、方針を決定する方式。

112 ハイリスクハイリターン
失敗したときの損失が大きい代わりに、成功したときの利益が大きいこと。

Step2 解答
①レアケース ②トップダウン ③ボトムアップ ④ハイリスクハイリターン ⑤バロメーター ⑥ベクトル

ひとくちメモ
「ベクトル」とは本来、力や速さなどを示す数学用語で、大きさや方向を矢印で図示する。

Step 1 意味のわかる言葉をチェック☑

□ 113 リスクヘッジ

□ 114 クールダウン

□ 115 ディスカウント

□ 116 コミット

□ 117 キャパシティー

□ 118 プレスリリース

Step 2 [?] に当てはまる言葉は？

① 「もっと安くして」と言われても、これ以上の [?] は無理だ。

② 激しい議論のあと、紅茶を飲んで [?] する。

③ 新規プロジェクトに、全力で [?] する。

④ 資産の分散は、[?] の基本だ。

⑤ [?] は、とっくに超えているのに、仕事がどんどん増えていく……。

⑥ 毎日、報道機関には多くの [?] が、送られてくる。

Step 3 言葉の意味を確認

113 **リスクヘッジ**
危険（リスク）をさけること。

114 **クールダウン**
熱や興奮などを、落ち着けること。

115 **ディスカウント**
値段を安くすること。安く売ること。

116 **コミット**
①責任を持って、かかわること。
②約束すること。

117 **キャパシティー**
①その人ができる仕事などの量。
②収容能力。収容人数。

118 **プレスリリース**
企業や政府などによる、報道機関向けの発表資料。

113〜118

Step2 解答
①ディスカウント ②クールダウン
③コミット ④リスクヘッジ
⑤キャパシティー ⑥プレスリリース

ひとくちメモ
定価よりも安く商品を売る店を、「ディスカウントショップ」「ディスカウントストア」などという。

Step 1 意味のわかる言葉をチェック☑

- □ 119 ボーダーレス
- □ 120 オフィシャル
- □ 121 ノベルティ
- □ 122 ニュアンス
- □ 123 インストール
- □ 124 アンインストール

Step 2 [?] に当てはまる言葉は？

① 社名を入れたカレンダーやキーホルダーなどの、[?] を配布する。

② 使わないアプリを、スマホから [?] する。

③ この動画は、芸能事務所が配信している [?] なものだ。

④ うまく [?] が伝わらなかったようで、希望通りにならなかった。

⑤ 経済だけでなく、文化の面でも、[?] 化が進んでいる。

⑥ 地震に備えて、防災アプリを [?] する。

Step 3 言葉の意味を確認

119 ボーダーレス
境界がないこと。国境がないこと。

120 オフィシャル
公式の。公認の。公的。

121 ノベルティ
企業などが宣伝のために配る、会社名や商品名が入った品物。

122 ニュアンス
①言葉の微妙な意味合い。
②色や音の、微妙な違い。

123 インストール
ソフトウェアをコンピューターに組みこみ、使えるようにすること。

124 アンインストール
コンピューターに組みこんだソフトウェアを削除し、以前の状態に戻すこと。

Step2 解答
① ノベルティ ② アンインストール
③ オフィシャル ④ ニュアンス
⑤ ボーダーレス ⑥ インストール

ひとくちメモ
「ニュアンス」は、フランス語に由来する言葉。

Step 1 意味のわかる言葉をチェック☑

□ 125 シミュレーション

□ 126 デベロッパー

□ 127 ラフ

□ 128 コンセンサス

□ 129 コンシューマー

□ 130 コンピューターウイルス

Step 2 [?] に当てはまる言葉は？

① 商品開発を行う。[?] の視点に立って、

② まだ [?] な内容しか決まっていませんが、話を聞いていただけますか？

③ 意見が割れ、方針への [?] が得られなかった。

④ 事前に念入りな [?] を実施し、トラブルへの対策を練る。

⑤ [?] 対策のソフトウェアを、パソコンにインストールする。

⑥ [?] が、マンション周辺の開発に力を入れる。

Step 3 言葉の意味を確認

125 **シミュレーション**
想定実験。模擬実験。

126 **デベロッパー**
宅地造成、住宅事業、都市開発などにかかわる開発業者や人。

127 **ラフ**
①大まかな。
②激しい。乱暴な。
③形式ばらない。
④さわった感じが、ざらざらしている。

128 **コンセンサス**
意見の一致。合意。

129 **コンシューマー**
消費者。

130 **コンピューターウイルス**
他人のコンピューターに入りこんで、被害を与えるプログラム。

Step2 解答
① コンシューマー　② ラフ
③ コンセンサス　④ シミュレーション
⑤ コンピューターウイルス　⑥ デベロッパー

ひとくちメモ
「シミュレーション」を、「シュミレーション」と間違って書いたり、言ったりしないように注意。

Step 1 意味のわかる言葉をチェック☑

□ 131 カスタマー

□ 132 コラボ

□ 133 オブザーバー

□ 134 メソッド

□ 135 キャリアアップ

□ 136 スケジューリング

Step 2 [?] に当てはまる言葉は？

① 整理整頓の [?] が、たくさんつまっている本。

② 人気アニメとの [?] が功を奏し、来場者数が急増した。

③ スムーズに計画を進めるには、事前の [?] が大事だ。

④ 社内の研修を通して、さらなる [?] を目指す。

⑤ [?] センターに電話し、サービス内容を確認する。

⑥ 市長が、市の発展を目指す企業経営者の会合に、[?] として参加する。

Step 3 言葉の意味を確認

131 カスタマー
顧客。取引先。

132 コラボ
「コラボレーション」の略。異なる分野の組織や人が、どちらの利益にもなるよう、互いに協力し合うこと。

133 オブザーバー
議決権はないが、発言権はある人、または組織。立会人。

134 メソッド
きちんと、ととのえられた方法・やり方。

135 キャリアアップ
知識、能力、経歴、資格などを、さらに高めること。

136 スケジューリング
スケジュール（予定）を組むこと。

Step2 解答
① メソッド ② コラボ ③ スケジューリング
④ キャリアアップ ⑤ カスタマー
⑥ オブザーバー

ひとくちメモ
「コラボ」と似た意味の言葉に、「タイアップ」がある。

Step 1 意味のわかる言葉をチェック☑

□ 137 ミスリード

□ 138 キャッチコピー

□ 139 ブッキング

□ 140 ユーザー

□ 141 タイムテーブル

□ 142 ブレインストーミング

Step 2 [？]に当てはまる言葉は？

① そのデータは、見る人を[？]するものだ。

② 相手の考えを否定しないことが、[？]の基本だ。

③ イベントの[？]を記した紙を受け取り、流れを把握する。

④ イベントに向けて、複数の歌手を[？]する。

⑤ 今回の新機種は、[？]に好評だ。

⑥ 魅力的な[？]にひかれ、商品を購入する。

Step 3 言葉の意味を確認

137 **ミスリード**
誤解させること。

138 **キャッチコピー**
人の注意をひく広告文や宣伝文。

139 **ブッキング**
①芸能人などの出演予約。
②乗り物の座席や、ホテルの部屋などの予約。

140 **ユーザー**
その商品を使用する人。利用者。

141 **タイムテーブル**
①予定表。
②時刻表。

142 **ブレインストーミング**
思いつくままに、自由にアイデアを出し合う会議のやり方。

137〜142

Step2 解答
① ミスリード　② ブレインストーミング
③ タイムテーブル　④ ブッキング
⑤ ユーザー　⑥ キャッチコピー

ひとくちメモ
予約や約束を、二重に受けてしまうことを「ダブルブッキング」という。

Step 1 意味のわかる言葉をチェック☑

□ 143 ノルマ

□ 144 イニシアチブ

□ 145 フィードバック

□ 146 フロントランナー

□ 147 ファクトチェック

□ 148 ニュートラル

Step 2 [?]に当てはまる言葉は？

① お客さんからの意見を、担当部署に[?]する。

② 残業を減らすために、一日の[?]を見直そう。

③ [?]が追いつかないほど、うその情報があふれている。

④ [?]な視点で、物事を判断する。

⑤ [?]を取り、有利に交渉を進める。

⑥ 長年、[?]として、業界を引っ張ってきた会社。

Step 3 言葉の意味を確認

143 **ノルマ**
一定の時間内に、やらなければならない仕事量。

144 **イニシアチブ**
①主導権。
②先に立って導くこと。

145 **フィードバック**
反応、意見、評価。また、それを担当者に伝えること。

146 **フロントランナー**
その分野の先頭を走る人や企業。

147 **ファクトチェック**
発言や文書の内容が、事実かどうか確かめること。

148 **ニュートラル**
どちらかに、かたよらないこと。争っている同士の、どちらの味方にも敵にもならないこと。中立。

Step2 解答
① フィードバック ② ノルマ
③ ファクトチェック ④ ニュートラル
⑤ イニシアチブ ⑥ フロントランナー

ひとくちメモ
「ノルマ」はロシア語に由来。第二次大戦後、帰国したシベリア抑留者たちが、日本に伝えた。

Step 1 意味のわかる言葉をチェック☑

□ 149 ネック

□ 150 コンプライアンス

□ 151 ロイヤルティー

□ 152 ヒアリング

□ 153 オプチミスト

□ 154 リレーションシップ

Step 2 [？]に当てはまる言葉は？

① 専門家への[？]を踏まえ、新たな方法を模索する。

② 権利会社に[？]を支払い、キャラクターを商品に使用する。

③ 人手不足が[？]となり、作業が思うように進まなかった。

④ [？]な彼なら、こんなことでいちいち悩まず、笑っているだろう。

⑤ [？]意識の低さが、今回の不正をまねいた。

⑥ 長く取引してもらえるように、担当者との[？]を築く。

Step 3 言葉の意味を確認

149 **ネック**
「ボトルネック」の略。物事の進行を、さまたげる原因。

150 **コンプライアンス**
企業が、法律や社会のルールなどをしっかり守ること。

151 **ロイヤルティー**
特許や著作権の使用料。ロイヤリティー。

152 **ヒアリング**
①専門家や関係者から意見を聞くこと。また、そのような制度や会議。
②外国語の聞き取り。リスニング。

153 **オプチミスト**
何事も、よいほうに考える人。楽天家。

154 **リレーションシップ**
関係。つながり。

149～154

Step2 解答
①ヒアリング ②ロイヤルティー ③ネック ④オプチミスト ⑤コンプライアンス ⑥リレーションシップ

ひとくちメモ
「オプチミスト」の対義語は、「悲観論者」を意味する「ペシミスト」。

Step 1 意味のわかる言葉をチェック☑

□ 155 バックオフィス

□ 156 バランスシート

□ 157 レジュメ

□ 158 デッドライン

□ 159 アウトソーシング

□ 160 ロールモデル

Step 2 ？ に当てはまる言葉は？

① 人手不足に対応するため、業務の一部で、？を活用する。

② 今回の求人は、経理や事務など、？に限ったものだ。

③ 後輩たちの？となれるよう、がんばります。

④ ？を参加者に配り、研究発表を行う。

⑤ ？から、その会社の財政状態を読み取ることができる。

⑥ 早く書類を用意しなきゃ。？は、夕方の5時だ。

Step 3 言葉の意味を確認

155 バックオフィス
事務や管理業務を担当する部門。

156 バランスシート
①貸借対照表。
②損と得の釣り合い。

157 レジュメ
研究内容などを、短くまとめたもの。

158 デッドライン
①最終期限。
②越えてはならない限界線。

159 アウトソーシング
業務の一部または全部を、外部の組織にやってもらうこと。外注。外部委託。

160 ロールモデル
手本となる人物。見習うべきもの。

Step2 解答
① アウトソーシング ② バックオフィス
③ ロールモデル ④ レジュメ
⑤ バランスシート ⑥ デッドライン

ひとくちメモ
「バックオフィス」に対し、営業や販売など、顧客に直接対応する部門を「フロントオフィス」と呼ぶ。

Step 1 意味のわかる言葉をチェック☑

□ 161 エビデンス

□ 162 オーバーワーク

□ 163 ゼネラリスト

□ 164 マージン

□ 165 オリエン

□ 166 ステルスマーケティング

Step 2 ［？］に当てはまる言葉は？

① 科学的な［？］がないと、その提案は、受け入れられない。

② 勉強にも仕事にも、休息は必要だ。［？］は健康に悪い。

③ 新入社員がスムーズに働けるよう、初日に［？］を行った。

④ 組織には特定分野の専門家だけでなく、［？］も必要だ。

⑤ 派遣社員の賃金に［？］を上乗せして、人材派遣会社に支払う。

⑥ SNS上での自然発生的な評判をよそおった［？］が、問題となる。

Step 3 言葉の意味を確認

161 **エビデンス**
根拠。

162 **オーバーワーク**
仕事、練習、勉強などを、必要以上にやりすぎること。

163 **ゼネラリスト**
広範囲な知識や能力を持つ人。

164 **マージン**
①手数料。
②売値と買値の差額によって生じる利益。利ざや。

165 **オリエン**
「オリエンテーション」の略。新しい環境に順応させるための、教育指導。

166 **ステルスマーケティング**
宣伝であることを、消費者にさとられないように行う宣伝手法。ステマ。

161～166

Step2 解答
① エビデンス　② オーバーワーク
③ オリエン　④ ゼネラリスト　⑤ マージン
⑥ ステルスマーケティング

ひとくちメモ
「ゼネラリスト」に対し、特定分野のくわしい専門知識を持つ人を「スペシャリスト」という。

Step 1 意味のわかる言葉をチェック☑

- □ 167 マスト
- □ 168 フィックス
- □ 169 フリーランス
- □ 170 ヒエラルキー
- □ 171 ステレオタイプ
- □ 172 ヘッドハンティング

Step 2 [?]に当てはまる言葉は?

① 「男は度胸、女は愛嬌」といった[?]な発言は、時代遅れだ。

② 彼はどこの新聞社にも属していない、[?]の記者だ。

③ 社長を頂点とした[?]にもとづく会社組織。

④ この仕事をやるうえで、あの知識は[?]だよ。

⑤ 彼女はライバル企業から、[?]されたそうだ。

⑥ 会議の日程ですが、5日午前11時開始で[?]します。

Step 3 言葉の意味を確認

167 マスト
絶対に必要なこと。

168 フィックス
①最終決定すること。
②固定すること。

169 フリーランス
特定の企業や組織に所属せず、仕事をする人。自由契約者。

170 ヒエラルキー
上位から下位へ広がっていく、ピラミッド型の階層秩序。

171 ステレオタイプ
一定の考えや行動に、とらわれていること。思いこんでいること。固定観念。

172 ヘッドハンティング
ある企業の優秀な人を、より有利な条件で、ほかの企業が引きぬくこと。

Step2 解答
① ステレオタイプ ② フリーランス
③ ヒエラルキー ④ マスト
⑤ ヘッドハンティング ⑥ フィックス

ひとくちメモ
中世ヨーロッパで、戦争のたびに雇われた特定の主君を持たない騎士のことを、「フリーランス」と呼んだ。

Step 1 意味のわかる言葉をチェック☑

□ 173 ビジョン

□ 174 アナリスト

□ 175 テレワーク

□ 176 クリティカル

□ 177 リコール

□ 178 グローバルスタンダード

Step 2 [?]に当てはまる言葉は？

① スケジュール的に、非常に[?]な状況だ。

② 証券会社の[?]が、今後の経済の動向を予測する。

③ [?]に即した、世界中の人が楽しめる製品の開発を目指す。

④ 購入者からのトラブル報告を多数受け、メーカーは製品の[?]を決断。

⑤ 将来の[?]をしっかりと持ち、それに向かって努力する。

⑥ [?]が浸透し、自宅で仕事をする人が増えた。

Step 3 言葉の意味を確認

173 **ビジョン**
見通し。構想。

174 **アナリスト**
分析家。とくに企業や市況の分析を行う専門家。

175 **テレワーク**
インターネットなどの情報通信技術を活用した、場所や時間にとらわれない働き方。

176 **クリティカル**
①危機的。
②批判的。

177 **リコール**
①重大な不備があった商品を、生産者が回収すること。
②議員など公職にある人を、国民や住民の意思でやめさせる制度。

178 **グローバルスタンダード**
世界標準。

Step2 解答
① クリティカル ② アナリスト
③ グローバルスタンダード ④ リコール
⑤ ビジョン ⑥ テレワーク

ひとくちメモ
「テレワーク」とほぼ同じ意味の言葉に、「リモートワーク」がある。

173〜178

Step 1 意味のわかる言葉をチェック☑

□ 179 アテンド

□ 180 コンテンツ

□ 181 オブジェクション

□ 182 アジェンダ

□ 183 スタートアップ

□ 184 タイト

Step 2 [?]に当てはまる言葉は?

① とくに[?]もなく、話し合いはスムーズに進行した。

② お客様の[?]を任され、駅まで迎えに行く。

③ 資金の乏しい[?]の支援に、政府は力を入れ始めた。

④ [?]なスケジュールで申し訳ありませんが、よろしくお願いします。

⑤ 豊富かつ良質な[?]で、人気を集める動画サイト。

⑥ 会議をスムーズに進めるため、[?]を作成し、事前に共有する。

Step 3 言葉の意味を確認

179 **アテンド**
①接待すること。
②出席すること。

180 **コンテンツ**
①内容。
②本の目次。

181 **オブジェクション**
異議。不服。拒否。

182 **アジェンダ**
①進行表。議事日程。
②行動計画や重要課題。

183 **スタートアップ**
「ベンチャー企業」のこと。ベンチャー企業の中でもとくに、急成長を前提として資金を集め、事業を行う企業のことを指す場合が多い。

184 **タイト**
日程や予算などが、きついこと。

Step2 解答
① オブジェクション ② アテンド
③ スタートアップ ④ タイト ⑤ コンテンツ
⑥ アジェンダ

ひとくちメモ
「アジェンダ」は、政治用語としては、②の意味でよく使用される。

Step 1 意味のわかる言葉をチェック

- □ 185 ログ
- □ 186 ログイン
- □ 187 ログアウト
- □ 188 デフォルト
- □ 189 プロモーション
- □ 190 プライオリティー

Step 2 ［？］に当てはまる言葉は？

①まだ［？］のままなので、設定を変更しなければならない。

②他者に不正利用されないためにも、［？］は必要だ。

③［？］を見て、パソコンの不具合原因を調べる。

④商品がたくさん売れるように、具体的な［？］の方法を考える。

⑤パスワードを忘れてしまい、［？］できなかった。

⑥［？］をはっきりさせて、ひとつひとつ仕事をこなしていく。

Step 3 言葉の意味を確認

185 **ログ**
コンピューターが行った、データの送受信などの記録。

186 **ログイン**
コンピューターやインターネット上のサービスを利用する際、パスワードを入力するなどして正式利用者であることを証明し、利用できる状態にすること。

187 **ログアウト**
ログイン状態を終えること。

188 **デフォルト**
コンピューターの初期設定の状態。

189 **プロモーション**
消費者の興味を高める宣伝活動。

190 **プライオリティー**
優先順位。優先権。

185～190

Step2 解答
①デフォルト ②ログアウト ③ログ
④プロモーション ⑤ログイン
⑥プライオリティー

ひとくちメモ
金融の分野における「デフォルト」は、「債務不履行（支払うべきお金が支払えない状態）」のこと。

Step1 意味のわかる言葉をチェック☑

□ 191 **コンペ**

□ 192 **リスケ**

□ 193 **フレキシブル**

□ 194 **ポテンシャル**

□ 195 **フェードアウト**

□ 196 **アウトライン**

Step2 ［？］に当てはまる言葉は？

①彼女は、リーダーとなる［？］を持っている。

②企画の［？］を、ざっくりと説明する。

③満足のいくデザイン案を出せたので、今回の［？］はうまくいくはず。

④当日になって、会議の［？］をお願いされた。

⑤状況に応じた、［？］な対応が求められる仕事。

⑥あの計画はその後、何も進展がない。このまま［？］しそうだね。

Step3 言葉の意味を確認

191 **コンペ**
①デザインや設計の公募。
②ゴルフなどの競技会。

192 **リスケ**
①「リスケジュール」の略。日程（スケジュール）や計画を、再調整すること。
②「リスケジューリング（リスケジュール）」の略。債務返済繰り延べ。

193 **フレキシブル**
その場に応じた判断ができること。柔軟なこと。

194 **ポテンシャル**
潜在能力。可能性。

195 **フェードアウト**
だんだん小さくなったり、うすれたりしていくこと。

196 **アウトライン**
おおよその内容。

Step2解答 ①ポテンシャル ②アウトライン ③コンペ ④リスケ ⑤フレキシブル ⑥フェードアウト

ひとくちメモ 「コンペ」は、「コンペティション」の略。

Step 1 意味のわかる言葉をチェック☑

□ 197 タイムラグ

□ 198 リノベーション

□ 199 イノベーション

□ 200 フローチャート

□ 201 ルーチンワーク

□ 202 サイバー攻撃（こうげき）

Step 2 [?]に当てはまる言葉は？

①若い力が、業界に[?]を起こす。

②このカフェは、古い民家を[?]したものだ。

③申しこみが受理されるまで、若干の[?]がある。

④政府機関への[?]は、「サイバーテロ」とも呼ばれる。

⑤仕事の流れを整理する際にも、[?]は有効だ。

⑥朝のそうじが、彼の[?]になっている。

Step 3 言葉の意味を確認

197 **タイムラグ**
時間差。時間的な遅れ。

198 **リノベーション**
建物を大きく改築し、新しく生まれ変わらせること。

199 **イノベーション**
これまでの技術や仕組みなどを大きく変え、新しくすること。変革。

200 **フローチャート**
プログラムを作成する際などに必要な、作業の手順を図式化したもの。

201 **ルーチンワーク**
決まりきった日常の仕事。

202 **サイバー攻撃**
特定の組織や個人のパソコンに侵入して被害を与える、インターネット経由の攻撃。

197〜202

Step2 解答
①イノベーション ②リノベーション
③タイムラグ ④サイバー攻撃
⑤フローチャート ⑥ルーチンワーク

ひとくちメモ
「タイムラグ」の「ラグ」には、「ずれ」「遅れ」などの意味がある。

上級 聞いたことはあるような……

Step 1 意味のわかる言葉をチェック☑

□ 203 リソース
□ 204 ジャストインタイム
□ 205 タスク
□ 206 タスクフォース
□ 207 バズマーケティング

Step 2 [?] に当てはまる言葉は？

① エネルギー問題に取り組む[?]が、新設された。
② 会社の[?]を最大限活用し、新商品を開発する。
③ [?]は、SNSを効果的に活用する手法だ。
④ 目の前の[?]を、ひとつひとつ片付けていく。
⑤ [?]の導入で、商品の在庫が大きく減った。

Step 3 言葉の意味を確認

203 **リソース**
資源。ある目的のために利用できる、もの・人材・知識などのこと。

204 **ジャストインタイム**
「必要なものを、必要なときに、必要な量だけ用意する」という、無駄を排除した生産方式。

205 **タスク**
一定期間内に終わらせるべき仕事や作業。

206 **タスクフォース**
重要な課題に取り組む特別チーム。作業部会。プロジェクトチーム。

207 **バズマーケティング**
インターネット上での、評判の広がりを利用した宣伝手法。

Step2 解答 ① タスクフォース ② リソース ③ バズマーケティング ④ タスク ⑤ ジャストインタイム

ひとくちメモ 「バズ」には「うわさ話」の意があるが、原義は「ハチや機械が発する、"ブンブン"という音」。

Step 1 意味のわかる言葉をチェック☑

□ 208 アライアンス

□ 209 フェーズ

□ 210 トレーサビリティー

□ 211 ペルソナ

□ 212 アジャスト

□ 213 リーディングカンパニー

Step 2 ［？］に当てはまる言葉は？

① あの自動車会社は、業界の［？］だ。

② ［？］を結び、双方の弱点をおぎなう。

③ 君なら、外国の文化や環境にも、［？］できるだろう。

④ ［？］がしっかり制度化されれば、食品表示や産地の偽装が防げるはずだ。

⑤ 地球温暖化をめぐる問題は、新たな［？］に入った。

⑥ 新規サービスの開発においては、［？］の設定がきわめて重要だ。

Step 3 言葉の意味を確認

208 **アライアンス**
企業同士の、対等な立場での連携。

209 **フェーズ**
段階。

210 **トレーサビリティー**
商品の生産・流通・販売・廃棄などの過程を明確に記録し、それを確認できるようにすること。履歴管理。

211 **ペルソナ**
その商品やサービスのターゲットと想定される対象者の、具体的な人物像。

212 **アジャスト**
調整すること。合わせること。

213 **リーディングカンパニー**
その業界で、主導的地位にある企業。

Step2 解答
① リーディングカンパニー　② アライアンス
③ アジャスト　④ トレーサビリティー
⑤ フェーズ　⑥ ペルソナ

ひとくちメモ
QRコードを利用した「トレーサビリティー」が、広く浸透している。

Step 1 意味のわかる言葉をチェック☑

□ 214 ワーカホリック

□ 215 ソリューション

□ 216 インタラクティブ

□ 217 フィルタリング

□ 218 ベンチマーク

□ 219 サプライチェーン

Step 2 ［？］に当てはまる言葉は？

① 視聴者もゲームに参加できる、［？］なテレビ番組。

② ［？］にならないように、休みをしっかり取ろう。

③ 人気になっている、あの会社のサイトを［？］にしよう。

④ 先日の台風が、［？］に大きな打撃を与えた。

⑤ 我々は企業の抱える多くの課題に、適切な［？］を提供します。

⑥ 不適切なサイトへのアクセスを防ぐため、［？］機能を設定する。

Step 3 言葉の意味を確認

214 **ワーカホリック**
家庭や自身の健康を犠牲にして、働きすぎる人。

215 **ソリューション**
企業が抱える課題を、解決する手段。

216 **インタラクティブ**
双方向に、情報のやり取りができること。

217 **フィルタリング**
特定のウェブサイトへのアクセスを、制限すること。

218 **ベンチマーク**
他社の優れたやり方を学び、基準にしたり、目標にしたりすること。

219 **サプライチェーン**
ある製品が、原料の段階から消費者に届くまでの、一連のつながり。供給網。

Step2 解答
① インタラクティブ ② ワーカホリック
③ ベンチマーク ④ サプライチェーン
⑤ ソリューション ⑥ フィルタリング

ひとくちメモ
株式投資における「ベンチマーク」は、日経平均株価やTOPIXなど、運用の目安となる指標を指す。

Step 1 意味のわかる言葉をチェック☑

□ 220 ストラテジー

□ 221 スタンドプレー

□ 222 エンゲージメント

□ 223 ファブレス

□ 224 ロングテール

□ 225 ユーザーインターフェース

Step 2 [?]に当てはまる言葉は？

① 利用者が気軽に使えるように、[?]を改善する。

② 商品開発に特化した、工場を持たない[?]企業。

③ [?]に走りがちで、協調性に欠ける同僚に手を焼く。

④ 社員の[?]をどう高めるかが、多くの企業の課題になっている。

⑤ 経営陣に[?]がないので、方針がころころ変わって困る。

⑥ [?]戦略は、人気商品にたよらないマーケティング手法だ。

Step 3 言葉の意味を確認

220 **ストラテジー**
戦略。

221 **スタンドプレー**
目立とうとして、する行為。

222 **エンゲージメント**
仕事や勤務先への、やりがいや愛着。

223 **ファブレス**
製造は外部に委託し、商品開発や販売などに専念すること。

224 **ロングテール**
売り上げは少ないものの、確実にニーズがある商品を多くそろえ、長期間売り続けることで利益を出す、主にインターネットを用いた販売方法。

225 **ユーザーインターフェース**
コンピューターと利用者をつなぐ仕組み。また、その使いやすさ。

220～225

Step2 解答
① ユーザーインターフェース　② ファブレス
③ スタンドプレー　④ エンゲージメント
⑤ ストラテジー　⑥ ロングテール

ひとくちメモ
「ファブレス」の「ファブ（fab）」は、「製造工場」の意。

Step 1 意味のわかる言葉をチェック☑

- □ 226 デバイス
- □ 227 スキーム
- □ 228 アウトプレースメント
- □ 229 イニシャルコスト
- □ 230 ランニングコスト
- □ 231 サンクコスト

Step 2 ［？］に当てはまる言葉は？

① ［？］を抑えるため、もとの内装を変えずに、カフェをオープンした。

② プリンターやスキャナーなど、［？］事業に強い会社。

③ ［？］の発生を覚悟して、利益の見込めない事業から撤退する。

④ 飲食店では、人件費、家賃、食材費などの［？］がかかる。

⑤ 新規事業立ち上げのための、［？］をつくる。

⑥ ［？］は、解雇する従業員とのトラブル防止に効果的だ。

Step 3 言葉の意味を確認

226 **デバイス**
コンピューターに接続して使う機器（ハードウェア）。

227 **スキーム**
枠組。基本計画。

228 **アウトプレースメント**
人員削減をする企業に依頼された人材派遣会社などが、その対象となる従業員に行う再就職支援。

229 **イニシャルコスト**
初期費用。

230 **ランニングコスト**
①会社の経営を維持するために必要な資金。運転資金。
②設備の維持管理費。

231 **サンクコスト**
そのプロジェクトを途中でやめた場合、回収が不可能になる費用。

Step2 解答
① イニシャルコスト　② デバイス
③ サンクコスト　④ ランニングコスト
⑤ スキーム　⑥ アウトプレースメント

ひとくちメモ
店の内装や設備にかかる初期費用は「イニシャルコスト」、毎月の人件費や家賃は「ランニングコスト」。

Step 1 意味のわかる言葉をチェック☑

□ 232 アセスメント
□ 233 カウンターパート
□ 234 ドラスティック
□ 235 アルゴリズム
□ 236 セグメンテーション
□ 237 コアターゲット

Step 2 [?]に当てはまる言葉は？

① この商品は、「20代男性」を[?]としている。
② どのような[?]で、この広告が表示されているのだろうか。
③ 工事が環境に悪影響を与えないか判断するため、[?]が必要だ。
④ [?]な方針転換で、業績が回復した。
⑤ 消費者のこまかなニーズに対応するには、[?]が不可欠だ。
⑥ A社の佐藤さんが、我々の[?]だ。

Step 3 言葉の意味を確認

232 アセスメント
事前評価。影響評価。

233 カウンターパート
対等な立場にある、別組織の交渉相手。

234 ドラスティック
思い切った。過激な。

235 アルゴリズム
ある特定の問題を解決するための、一定の手順。

236 セグメンテーション
年齢、性別、趣味など、消費者の特徴に応じてグループ分けし、マーケティングを行うこと。市場細分化。

237 コアターゲット
ある商品を販売する際、とくに売りたいと考える年代、性別、住んでいる場所などの区分。

Step2 解答
① コアターゲット　② アルゴリズム
③ アセスメント　④ ドラスティック
⑤ セグメンテーション　⑥ カウンターパート

ひとくちメモ
「アセスメント」は、「環境アセスメント」の形で、使われることが多い言葉。

Step 1 意味のわかる言葉をチェック☑

□ 238 ターム

□ 239 デバッグ

□ 240 ランサムウェア

□ 241 コアコンピタンス

□ 242 カウンターオファー

□ 243 コーポレートガバナンス

Step 2 [?] に当てはまる言葉は？

① [?] を確立できれば、ライバル企業に差をつけることが可能だ。

② 半年ほどの [?] で、自身の課題を決めて、成長につとめる。

③ [?] を強化し、経営の透明性を高める。

④ 企業にとって、[?] を使ったサイバー攻撃は脅威だ。

⑤ [?] を出して、相手の出方をうかがう。

⑥ 商品として発売する前に、[?] をしっかりやる。

Step 3 言葉の意味を確認

238 **ターム**
①決められた期間。期限。
②専門用語。

239 **デバッグ**
プログラムの誤り（バグ）を見つけ、修正すること。

240 **ランサムウェア**
コンピューターウイルスの一種で、企業のコンピューターなどに被害を与え、その復旧に金銭を要求する。

241 **コアコンピタンス**
企業の強み。他社が持っていない、技術やノウハウなどのこと。

242 **カウンターオファー**
ある案の代わりに出す案。

243 **コーポレートガバナンス**
企業の活動を監視する仕組み。企業統治。

Step2 解答
①コアコンピタンス ②ターム ③コーポレートガバナンス ④ランサムウェア ⑤カウンターオファー ⑥デバッグ

ひとくちメモ
「ランサムウェア」はその性質から、「身代金要求型ウイルス」とも呼ばれている。

Step 1 意味のわかる言葉をチェック☑

□ 244 アクセシビリティー

□ 245 エポック

□ 246 アーリーアダプター

□ 247 ストックヤード

□ 248 スクリーニング

□ 249 トレードオフ

Step 2 [?] に当てはまる言葉は？

① 工場の[?]に、資材を一時的に置いておく。

② 「経済成長」と「環境保護」は、[?]の関係にある。

③ 画面に字幕をつけるなど、聴覚障害者の[?]の向上に取り組む。

④ エンターテインメント産業に、[?]をもたらしたゲーム機。

⑤ [?]層の支持を得て、多くの人がその製品に関心を持ち始めた。

⑥ 営業戦略にのっとって、顧客リストを[?]する。

Step 3 言葉の意味を確認

244 **アクセシビリティー**
高齢者、障害のある人、子どもなどもふくむ多くの人にとっての、使いやすさや利用しやすさ。

245 **エポック**
新しい時代。

246 **アーリーアダプター**
流行に敏感で、情報を収集してから、早い段階で新しい商品を購入したり、サービスを利用したりする人たち。

247 **ストックヤード**
一時保管所。

248 **スクリーニング**
複数の対象から、条件に合うものを選ぶこと。選別。

249 **トレードオフ**
ある目的を達成するために、別の目的が犠牲になること。

244〜249

Step2 解答
① ストックヤード　② トレードオフ
③ アクセシビリティー　④ エポック
⑤ アーリーアダプター　⑥ スクリーニング

ひとくちメモ
「アーリーアダプター」に対し、情報収集よりも、とにかくすぐに購入する層を「イノベーター」と呼ぶ。

Step 1 意味のわかる言葉をチェック☑

- □ 250 クラウドソーシング
- □ 251 モジュール
- □ 252 アカウンタビリティー
- □ 253 ブルーオーシャン
- □ 254 レッドオーシャン
- □ 255 マーチャンダイジング

Step 2 ［？］に当てはまる言葉は？

① この業界は［？］にあるので、新規参入は厳しいだろう。

② ［？］を使って、フリーランスのデザイナーに仕事を発注する。

③ ［？］を任され、商品開発から販売方法まで、すべてを見直すことにした。

④ 点検で不具合が発覚し、［？］の交換を行った。

⑤ ［？］を果たす義務が、企業にはある。

⑥ ［？］戦略は、新しい価値を市場につくる経営戦略だ。

Step 3 言葉の意味を確認

250 クラウドソーシング
インターネット上の不特定多数の人に対し、仕事内容と報酬を提示し、仕事を発注する業務手法。

251 モジュール
交換が可能な部品、構成要素。

252 アカウンタビリティー
企業が、経営状況などをくわしく説明する責任。

253 ブルーオーシャン
競争相手がいない、未開拓市場。

254 レッドオーシャン
競争の激しい市場。

255 マーチャンダイジング
消費者の求めている商品を、適切な時期・価格・数量・場所などで提供するための、戦略的な企業活動。商品化計画。

Step2 解答
① レッドオーシャン ② クラウドソーシング ③ マーチャンダイジング ④ モジュール ⑤ アカウンタビリティー ⑥ ブルーオーシャン

ひとくちメモ
「クラウドソーシング」の「クラウド（crowd）」は、「大衆」の意。

Step 1 意味のわかる言葉をチェック☑

□ 256 キュレーター

□ 257 プライベートブランド

□ 258 ロジスティクス

□ 259 シュリンク

□ 260 オフショア化

□ 261 コモディティ化

Step 2 [?]に当てはまる言葉は？

① 今回の展覧会の意図を、[?]が熱弁する。

② 複数の会社にまねされ、自社製品が[?]した。

③ システム開発やコールセンター機能などの[?]は、ますます進むだろう。

④ 物流コスト削減のためには、[?]の見直しが必要だ。

⑤ 人口の減少が原因で、国内市場が[?]していく。

⑥ [?]の売り上げが、好調な大手スーパー。

Step 3 言葉の意味を確認

256 キュレーター
展覧会の企画責任者。

257 プライベートブランド
スーパーや百貨店などの流通業者が、自ら企画・開発した商品。

258 ロジスティクス
スムーズな物流活動。また、その方法。

259 シュリンク
縮小。小さくなること。

260 オフショア化
企業が、人件費の安い海外の企業に、業務を委託する傾向。

261 コモディティ化
類似商品が市場に出回るようになり、最初は差別化されていた商品が、一般的な商品になってしまうこと。

Step2 解答
① キュレーター ② コモディティ化
③ オフショア化 ④ ロジスティクス
⑤ シュリンク ⑥ プライベートブランド

ひとくちメモ
「コモディティ化」の「コモディティ（commodity）」とは、もともと「日用品」を意味する語。

Step 1 意味のわかる言葉をチェック☑

□ 262 ナレッジ

□ 263 バジェット

□ 264 プロトタイプ

□ 265 ロードマップ

□ 266 キラーコンテンツ

□ 267 カテゴリーキラー

Step 2 [?] に当てはまる言葉は？

① サッカー日本代表チームの試合中継は、テレビ局の [?] だ。

② 展示会で、将来の市販を見据えた [?] を公開する。

③ 業績回復の [?] を部長が示したが、この通りにいくとは思えない。

④ 各社員の持つ [?] を、集約・共有する。

⑤ [?] の進出が続き、百貨店の経営が厳しくなった。

⑥ [?] が限られているので、できるだけ無駄を省きたい。

Step 3 言葉の意味を確認

262 ナレッジ
価値ある情報や知識。

263 バジェット
予算。経費。

264 プロトタイプ
①試作品。
②手本。模範。もとの型。

265 ロードマップ
目標達成に向けた道筋や予定表。

266 キラーコンテンツ
ある分野における、とくに多くの人の興味をひく魅力的な商品や情報。

267 カテゴリーキラー
家電・衣料品・アウトドア用品など、特定の分野（カテゴリー）に特化した、豊富な品ぞろえと低価格を武器とする大型専門店。

Step2 解答
① キラーコンテンツ　② プロトタイプ
③ ロードマップ　④ ナレッジ
⑤ カテゴリーキラー　⑥ バジェット

ひとくちメモ
社員の「ナレッジ」を共有し、企業の成長につなげる経営手法を、「ナレッジマネジメント」という。

Step 1 意味のわかる言葉をチェック☑

□ 268 ベンダー
□ 269 コンピテンシー
□ 270 ロジカル
□ 271 マッチポンプ
□ 272 ステークホルダー
□ 273 デファクトスタンダード

Step 2 [?]に当てはまる言葉は？

① 彼女の[?]な説明に、みんなが納得した。
② [?]を、社内の人材育成や採用活動などに活用する。
③ [?]を獲得し、ライバルの製品を市場から駆逐した。
④ 自ら客の家にシロアリを放つ、悪質な害虫駆除業者の[?]商法に注意。
⑤ メーカー（製造元）と[?]の、両方の役割を担う会社も多い。
⑥ [?]との信頼関係がなければ、企業の経営は成り立たない。

Step 3 言葉の意味を確認

268 ベンダー
販売業者。

269 コンピテンシー
仕事で、優秀な結果を継続して残す人に見られる共通の行動特性。コンピタンシー。

270 ロジカル
論理的。筋道を立てて。

271 マッチポンプ
自らトラブルを発生させておきながら、一方でその解決を持ちかけ、報酬を受け取ろうとすること。

272 ステークホルダー
株主、従業員、消費者、取引先など、企業の経営にかかわるすべての利害関係者。

273 デファクトスタンダード
市場競争によって定められた、事実上の標準。

Step2 解答
① ロジカル　② コンピテンシー
③ デファクトスタンダード　④ マッチポンプ
⑤ ベンダー　⑥ ステークホルダー

ひとくちメモ
「マッチポンプ」の由来は、「自らマッチで火をつけ、それを自らポンプからの水で消す」という意味から。

Step 1 意味のわかる言葉をチェック☑

□ 274 コンバージョン

□ 275 コンフィデンシャル

□ 276 バイアス

□ 277 リマインド

□ 278 アサイン

□ 279 コングロマリット

Step 2 ？ に当てはまる言葉は？

① 「前は大丈夫だったから」という ？ が、判断を誤らせる。

② さらなるサイトの改良が必要だ。？ 率を上げるためには、

③ 取引先からの要望があったので、君を担当に ？ するよ。

④ あの会社は、百貨店、宅配、不動産事業などを手がける ？ だ。

⑤ ？ な書類なので、社外には持ち出さないように。

⑥ 予定が変更になっているので、？ しておいてね。

Step 3 言葉の意味を確認

274 **コンバージョン**
①サイト運営者の最終的な目的（商品購入や会員登録など）に、そのサイトの閲覧者が達すること。
②変換。

275 **コンフィデンシャル**
機密の。

276 **バイアス**
①先入観。偏見。
②データのかたより。

277 **リマインド**
再確認。

278 **アサイン**
割り当てること。任命すること。

279 **コングロマリット**
多くの異なる業種を抱え、多角的な経営を行っている巨大企業。複合企業。

Step2 解答
① バイアス ② コンバージョン
③ アサイン ④ コングロマリット
⑤ コンフィデンシャル ⑥ リマインド

ひとくちメモ
危機的状況で適切な判断ができず、「自分は大丈夫」と思いこむことを、「正常性バイアス」という。

Step 1 意味のわかる言葉をチェック☑

□ 280 ネゴ

□ 281 マイルストーン

□ 282 ペンディング

□ 283 オルタナティブ

□ 284 コンソーシアム

□ 285 カスタマージャーニー

Step 2 [?]に当てはまる言葉は？

① 今のままでは、やっていけないぞ。[?]な方法を考えないと。

② まだ不透明な部分も多いので、その件は[?]にしておこう。

③ 契約の締結には、商談相手との粘り強い[?]が必要だ。

④ 中小企業5社が集まり、人材育成を目的とした[?]を設立した。

⑤ 次の[?]を達成するのは、今の人員では不可能だと思うのだが……。

⑥ [?]を可視化することで、顧客に対する理解が深まる。

Step 3 言葉の意味を確認

280 **ネゴ**
「ネゴシエーション」の略。交渉、折衝。

281 **マイルストーン**
①プロジェクトにおける途中目標。
②画期的な出来事や成果。

282 **ペンディング**
保留。

283 **オルタナティブ**
①既存のものの、代わりとなるもの。
②二者択一。

284 **コンソーシアム**
共通の目的を持った集まり。協会。連合。

285 **カスタマージャーニー**
顧客が、ある商品やサービスを購入するまでの、行動や感情の過程。

Step2 解答
① オルタナティブ ② ペンディング
③ ネゴ ④ コンソーシアム
⑤ マイルストーン ⑥ カスタマージャーニー

ひとくちメモ
「手ごわい交渉相手」のことを、「タフネゴシエーター」という。

280～285

理解度チェック!

(解答は143ページ)

Q1

次のカタカナ語を、日本語であらわすと? の中からひとつ、選びましょう。

① エビデンス
② プライオリティー
③ リマインド
④ イニシャルコスト
⑤ バジェット

保留 再確認 先入観 予算 縮小
企業統治 初期費用 戦略 段階
潜在能力 優先順位 根拠

Q2

太字のカタカナ語が、正しく使われている文章をふたつ、選びましょう。

① **コンフィデンシャル**なデータなので、多くの人にぜひ見てもらいましょう。
② 先輩からの**フィードバック**を参考にして、企画案を練り直した。
③ 高齢者、障害のある人などの**アクセシビリティー**に配慮したホームページをつくる。
④ 退職者を減らすため、従業員の**エンゲージメント**が低下するよう努力する。
⑤ 工場をすべて外国に移すのは、いくらなんでも**リスケ**が高すぎる。

第2章

「ニュース」によく登場するカタカナ語・略語

社会・生活

Step 1 意味のわかる言葉をチェック☑

□ 286 インフラ

□ 287 フレックスタイム

□ 288 クーリングオフ

□ 289 プロファイリング

□ 290 バリアフリー

Step 2 [?]に当てはまる言葉は？

① [?]で、犯人の特徴が割り出された。

② 購入の契約後、疑問が出てきたので、[?]を行った。

③ 地震後、[?]の復旧に時間がかかった。

④ 手すりやスロープなど、[?]を意識した造り。

⑤ [?]制、在宅勤務、短時間労働など、働き方が多様な社会になった。

Step 3 言葉の意味を確認

286 インフラ
「インフラストラクチャー」の略。道路、上下水道、学校、公園など、経済活動や社会生活の基盤を形成するもの。

287 フレックスタイム
1日の労働時間を守れば、出社や退社の時刻を、従業員が自分で決められる勤務体制。

288 クーリングオフ
一定の期間内であれば、商品購入の契約後でも、契約を無条件に解除できる制度。

289 プロファイリング
犯罪捜査で、蓄積されたデータや現場に残された状況を活用し、犯人像を分析すること。

290 バリアフリー
体の不自由な人や高齢者の、生活上の不便を取り除こうという考え方。

Step2 解答
① プロファイリング　② クーリングオフ
③ インフラ　④ バリアフリー
⑤ フレックスタイム

ひとくちメモ
「クーリングオフ」が可能な取引には、訪問販売や電話勧誘販売などがある。

Step 1 意味のわかる言葉をチェック☑

□ 291 ユニバーサルデザイン

□ 292 フラストレーション

□ 293 ハイブリッド

□ 294 ヤングケアラー

□ 295 セカンドキャリア

□ 296 リバースモーゲージ

Step 2 [？]に当てはまる言葉は？

① [？]の中には、勉強や遊びの時間が取れない子も多い。

② 自宅を売却せずに、[？]を利用し、生活資金を得る。

③ 英語案内板、授乳室、スロープの設置など、[？]を意識した造り。

④ 政府の方針が二転三転し、国民は[？]をためている。

⑤ 在宅と出社を組み合わせた、[？]な働き方を取り入れる。

⑥ 引退した元アスリートの[？]として、営業職が人気だ。

Step 3 言葉の意味を確認

291 **ユニバーサルデザイン**
年齢、性別、障害の有無、国籍などに関係なく、だれもが使いやすいように考えてつくられたデザイン。

292 **フラストレーション**
思い通りにならず、いらいらした状態。欲求不満。

293 **ハイブリッド**
性質のちがうものを混ぜ合わせ、つくったもの。

294 **ヤングケアラー**
日常的に長時間、家族の介護や世話を行っている子ども。

295 **セカンドキャリア**
定年退職した人、引退したスポーツ選手などの新しい仕事。

296 **リバースモーゲージ**
自宅を担保に金銭を得て、死後、売却して借入金を返済する、高齢者向けの融資制度。

Step2 解答
① ヤングケアラー　② リバースモーゲージ
③ ユニバーサルデザイン　④ フラストレーション
⑤ ハイブリッド　⑥ セカンドキャリア

ひとくちメモ
「ユニバーサルデザイン」は、「バリアフリー」を、さらに一歩進めた考え方といえる。

Step 1 意味のわかる言葉をチェック☑

- □ 297 オフピーク
- □ 298 セーフティーネット
- □ 299 ダイバーシティー
- □ 300 ハザードマップ
- □ 301 ロックダウン
- □ 302 バイオマス発電(はつでん)

Step 2 [?] に当てはまる言葉は？

① 生活の苦しい人たちのため、社会保障の充実など、[?] の強化を主張する。

② 鉄道会社が、[?] の運賃を下げる。

③ [?] を見て、いざという時に備える。

④ [?] の影響で、工場の部品が足りなくなった。

⑤ [?] は、地球環境に、やさしい発電だ。

⑥ 「[?]」をテーマにかかげ、個性豊かなメンバーをそろえた。

Step 3 言葉の意味を確認

297 **オフピーク**
すいている時間帯。

298 **セーフティーネット**
危機から守ってくれるもの。

299 **ダイバーシティー**
人種、国籍、性別、年齢、障害の有無、宗教の違いなどにとらわれず、多様な人材の能力を活かしていこうという考え方。多様性。

300 **ハザードマップ**
災害の被害予測や、避難場所などを示した地図。

301 **ロックダウン**
対象となる地域において、一定期間、人の移動などを制限すること。都市封鎖。

302 **バイオマス発電**
牛のフン、生ごみ、木の枝など、生物から生まれた資源を利用して行う発電。

Step2 解答
① セーフティーネット ② オフピーク
③ ハザードマップ ④ ロックダウン
⑤ バイオマス発電 ⑥ ダイバーシティー

ひとくちメモ
発電に利用される「バイオマス」の代表的なものには、トウモロコシやサトウキビもある。

Step 1 意味のわかる言葉をチェック☑

□ 303 ヘイトスピーチ

□ 304 クラスター

□ 305 ダブルインカム

□ 306 フードロス

□ 307 ジェンダー

□ 308 クリーンエネルギー

Step 2 [?] に当てはまる言葉は？

① 現代は、夫婦がともに働いている [?] の家庭が多い。

② 男女が、対等な立場で仕事や家庭にかかわる [?] 平等社会を目指す。

③ 火力や原子力に代わる存在として、[?] に注目が集まる。

④ [?] 削減のため、あまったイチゴをジャムにして販売する。

⑤ [?] を防ぐため、施設では衛生管理を徹底した。

⑥ [?] は相手の尊厳を踏みにじるものであり、断じて許してはならない。

Step 3 言葉の意味を確認

303 **ヘイトスピーチ**
国籍、人種、宗教などが異なる個人や組織に対し、差別的な気持ちを持って攻撃する言動。

304 **クラスター**
①感染集団。
②かたまり。群れ。

305 **ダブルインカム**
1世帯に、収入源が2つあること。

306 **フードロス**
期限切れ、食べ残し、調理時の過剰除去などで、食べられるのに廃棄された食品。

307 **ジェンダー**
「男らしさ」「女らしさ」など、社会的につくられた性差。

308 **クリーンエネルギー**
環境汚染をもたらす有害物質を出さないエネルギー。

Step2 解答
① ダブルインカム　② ジェンダー
③ クリーンエネルギー　④ フードロス
⑤ クラスター　⑥ ヘイトスピーチ

ひとくちメモ
「クリーンエネルギー」には、太陽熱、水力、風力、地熱、バイオマスなどがある。

Step1 意味のわかる言葉をチェック☑

□ 309 ルッキズム

□ 310 ライフハック

□ 311 パラダイムシフト

□ 312 オピニオンリーダー

□ 313 アダルトチルドレン

□ 314 ワークシェアリング

Step2 [？]に当てはまる言葉は？

① 業界の[？]として、提言を続ける。

② [？]は、失業者を減らす方法のひとつだ。

③ 携帯電話の登場は、人々の生活に[？]を起こした。

④ [？]に多い悩みに、「自分に自信が持てない」がある。

⑤ テレビで、排水口のよごれをきれいにする[？]が、紹介されていた。

⑥ 人を見た目で評価する[？]に、批判が集まる。

Step3 言葉の意味を確認

309 **ルッキズム**
容姿で人を判断する、差別的な外見至上主義。

310 **ライフハック**
仕事や家事などを、効率よくこなすためのコツ。

311 **パラダイムシフト**
社会のルール、常識、考え方などの枠組みが、大きく変化すること。構造変化。

312 **オピニオンリーダー**
多くの人に影響を与える意見を持つ人。

313 **アダルトチルドレン**
親からの虐待など、子どもの頃に家庭内でつらい経験をし、その心の傷をいやせないまま、おとなになった人たち。

314 **ワークシェアリング**
ひとつの仕事を、複数の人で分け合うこと。

Step2解答
① オピニオンリーダー ② ワークシェアリング
③ パラダイムシフト ④ アダルトチルドレン
⑤ ライフハック ⑥ ルッキズム

ひとくちメモ
「アダルトチルドレン」を、「おとなになりきれないおとな」の意味で使用するのは誤り。

Step 1 意味のわかる言葉をチェック

- □ 315 リユース
- □ 316 リデュース
- □ 317 フードバンク
- □ 318 アウトリーチ
- □ 319 オーバーツーリズム
- □ 320 フェイクニュース

Step 2 ［？］に当てはまる言葉は？

① インターネット上にはびこる、［？］に、だまされないように。

② 商品の包装を断る。［？］の取り組みとして、

③ 福祉の現場で高まっている。［？］型の支援への注目が、

④ 返却された空き瓶を洗浄・消毒して、［？］する。

⑤ 売れ残った食品を、［？］に提供する。

⑥ ［？］で環境や文化が破壊されないよう、対策が必要だ。

Step 3 言葉の意味を確認

315 **リユース**
もとの形のままで、再使用すること。

316 **リデュース**
資源を大切にし、廃棄物を減らすこと。

317 **フードバンク**
食品関係の企業から、売れ残り品などを寄付してもらい、無料でそれを必要とする人や施設に提供する活動。

318 **アウトリーチ**
支援する側から、助けが必要な人のところに出向き、積極的にかかわること。

319 **オーバーツーリズム**
観光客が増えすぎることによって生じる、その土地の環境や住民に与える悪影響。

320 **フェイクニュース**
真実ではないニュース。

315～320

Step2 解答
① フェイクニュース　② リデュース
③ アウトリーチ　④ リユース
⑤ フードバンク　⑥ オーバーツーリズム

ひとくちメモ
循環型社会の実現に重要な、リデュース・リユース・リサイクルの3つをあわせて、「3R」という。

Step1 意味のわかる言葉をチェック☑

□ 321 モニタリング
□ 322 フェアトレード
□ 323 スキミング
□ 324 パンデミック
□ 325 モラルハザード
□ 326 ノーマライゼーション

Step2 [?]に当てはまる言葉は？

① 障害者雇用促進法が改正された。[?]の実現に向け、
② 企業の[?]を引き起こすとして、国の経営支援策が批判を浴びた。
③ 島の自然環境がこれ以上悪化しないように、[?]を続ける。
④ [?]は、発展途上国の貧困解消につながる。
⑤ [?]の手口を知り、被害の防止につとめる。
⑥ [?]が起きた際の予防策を、世界全体で講じる必要がある。

Step3 言葉の意味を確認

321 モニタリング
継続して監視や調査すること。観察して記録すること。

322 フェアトレード
発展途上国の作物や製品を、きちんとした価格で、継続的に購入する取り組み。

323 スキミング
クレジットカードやキャッシュカードのデータを盗み取り、偽造カードをつくる犯罪行為。

324 パンデミック
感染症の世界的な大流行。

325 モラルハザード
倫理の欠如。

326 ノーマライゼーション
障害のある人もない人も高齢者も、みんながそろって普通に暮らせる社会が当然であるという考え方。

Step2 解答
① ノーマライゼーション ② モラルハザード
③ モニタリング ④ フェアトレード
⑤ スキミング ⑥ パンデミック

ひとくちメモ
「モラルハザード」のもとの意味は、「保険に入ることで、事故への危険が逆に高まること」。

Step 1 意味のわかる言葉をチェック☑

□ 327 ストライキ

□ 328 ワーキングプア

□ 329 カタストロフィ

□ 330 ビッグデータ

□ 331 トランスジェンダー

□ 332 キャンセルカルチャー

Step 2 [?]に当てはまる言葉は？

① 賃金アップが認められず、労働者たちは[?]を起こした。

② 医療の分野では[?]を分析・活用し、医療の質の向上を図っている。

③ 戦争の[?]を経て、復興の道を歩み始める。

④ SNSなどを利用した、行き過ぎた[?]が、問題になっている。

⑤ [?]の解消には、正規雇用者を増やす、新たな経済政策が必要だ。

⑥ [?]の学生を受け入れる女子大が、増えている。

Step 3 言葉の意味を確認

327 **ストライキ**
労働者が、労働条件の改善などを目的に、団結して業務を停止すること。スト。

328 **ワーキングプア**
がんばって働いても、わずかな収入しか得られず、貧困から抜け出せない人たちのこと。

329 **カタストロフィ**
①大きな災難。
②悲劇的な結末。
③演劇の最後の場面。

330 **ビッグデータ**
膨大かつ、きわめて複雑なデータ。巨大な情報。

331 **トランスジェンダー**
体と心の性が一致しない人。

332 **キャンセルカルチャー**
ある人物や団体の反社会的言動を問題視し、抗議や不買運動を起こすこと。

Step2 解答
①ストライキ ②ビッグデータ
③カタストロフィ ④キャンセルカルチャー
⑤ワーキングプア ⑥トランスジェンダー

ひとくちメモ
ストライキ権は労働者に認められた権利だが、日本では、公務員のストライキは禁止されている。

Step 1 意味のわかる言葉をチェック☑

□ 333 サイドビジネス
□ 334 コワーキングスペース
□ 335 ノマドワーカー
□ 336 サブスク
□ 337 オーソリティー
□ 338 トリアージ

Step 2 [?]に当てはまる言葉は？

① 動画や音楽を楽しむ若者が増えている。[?]を利用し、
② 英語力を活かして、翻訳の[?]を行う。
③ 命にかかわる患者の治療を優先する。[?]を行い、
④ 仕事場所を変える。[?]の彼は、その日の気分で、
⑤ 今回執刀したあの医師は、スポーツ整形外科の[?]だ。
⑥ 事務所を持たないフリーランスで働く人が、[?]をよく利用している。

Step 3 言葉の意味を確認

333 サイドビジネス
副業。

334 コワーキングスペース
業種の異なる人々が、設備などを共有しながら、それぞれの仕事をする場所。

335 ノマドワーカー
コワーキングスペースやカフェなど、好きな場所に移動しながら仕事をする人。

336 サブスク
「サブスクリプション」の略。一定期間、商品やサービスを定額で利用できるビジネスモデル。

337 オーソリティー
権威。その分野の権威者。

338 トリアージ
多くの負傷者が出た際、傷の状況などに応じて、治療の優先順位を決めること。

Step2 解答
① サブスク ② サイドビジネス
③ トリアージ ④ ノマドワーカー
⑤ オーソリティー ⑥ コワーキングスペース

ひとくちメモ
「ノマドワーカー」は、「ノマド（遊牧民）」と「ワーカー（働く人）」を組み合わせてつくられた言葉。

Step 1 意味のわかる言葉をチェック☑

□ 339 サステナブル
□ 340 ソーシャルメディア
□ 341 オンデマンド
□ 342 ブロードバンド
□ 343 チート
□ 344 インストリーム広告（こうこく）

Step 2 ［？］に当てはまる言葉は？

① ゲームの［？］行為は、罪に問われる可能性がある。
② ［？］な社会を目指し、資源を大切に使おう。
③ 動画のいいところで、［？］が流れ出した。
④ ［？］配信はライブ配信と異なり、好きなときに視聴できるので便利だ。
⑤ 情報の収集に、新聞やテレビのほか、ブログなどの［？］も利用する。
⑥ ［？］の整備が、全国に広がっていく。

Step 3 言葉の意味を確認

339 **サステナブル**
持続可能なこと。

340 **ソーシャルメディア**
SNSやブログなど、インターネットを使った双方向のコミュニケーションができる、情報伝達サービス。

341 **オンデマンド**
消費者の個別の要求に応じて、データやサービスを提供すること。

342 **ブロードバンド**
「高速」「大容量」のデータ通信を可能とする技術。

343 **チート**
コンピューターゲームのプログラムを不正に改造する行為。

344 **インストリーム広告**
動画配信サービスなどで、本編動画の途中に挟みこまれる動画広告。

339～344

Step2 解答
① チート ② サステナブル ③ インストリーム広告 ④ オンデマンド ⑤ ソーシャルメディア ⑥ ブロードバンド

ひとくちメモ
「サステナブル」は、「地球環境を保ったままできる」の意味で使われることが多い。

Step 1 意味のわかる言葉をチェック☑

- □ 345 プロバイダー
- □ 346 アカウント
- □ 347 ストリーミング
- □ 348 エゴサーチ
- □ 349 サムネイル
- □ 350 スーパーコンピューター

Step 2 ？に当てはまる言葉は？

① 芸能人が、自分の名前を ？ する。

② ネットショッピングをするために、 ？ を作成する。

③ ？ は、災害リスクや気候変動の予測などの研究に活用されている。

④ 画面上にアプリの一覧が、 ？ で表示される。

⑤ インターネットを利用するために、 ？ と契約する。

⑥ 人気歌手が、ライブを ？ で配信していた。

Step 3 言葉の意味を確認

345 **プロバイダー**
インターネットへの接続サービスを提供する会社。

346 **アカウント**
コンピューターやインターネットの利用権利。また、そのためのIDやパスワード。

347 **ストリーミング**
動画や音声データを、ダウンロードしながら、同時に再生する技術。

348 **エゴサーチ**
自分とかかわりのあるものの名前をインターネット上で探し、評判を調べること。

349 **サムネイル**
画像を縮小表示したもの。

350 **スーパーコンピューター**
一般のコンピューターよりも、はるかに高い計算能力を備えたコンピューター。

Step2 解答 ① エゴサーチ ② アカウント ③ スーパーコンピューター ④ サムネイル ⑤ プロバイダー ⑥ ストリーミング

ひとくちメモ 「サムネイル」を直訳すると、「親指のつめ」。

Step 1 意味のわかる言葉をチェック☑

□ 351 アバター
□ 352 ターミナルケア
□ 353 ピクトグラム
□ 354 ハッキング
□ 355 ネットリテラシー
□ 356 ダブルワーク

Step 2 [?]に当てはまる言葉は？

① オンラインゲームで、自らの[?]を動かして遊ぶ。

② お金が目標額までたまったので、彼は[?]をやめたそうだ。

③ 個人情報の扱いや著作権の知識などの、[?]を学ぶ。

④ 案内表示をわかりやすくするため、[?]を使う。

⑤ ホームページを[?]され、情報が書きかえられる。

⑥ 末期のがん患者の、在宅医療における[?]の事例を学ぶ。

Step 3 言葉の意味を確認

351 **アバター**
インターネット上で、利用者の分身となるキャラクター。

352 **ターミナルケア**
終末期医療。

353 **ピクトグラム**
単純なイラストを使い、見ただけで、意味が伝わるようにつくられたマーク。

354 **ハッキング**
①他人のコンピューターに、不正に侵入し、被害を与えること。クラッキング。
②コンピューターのシステムを調べ、改良すること。

355 **ネットリテラシー**
インターネットを、正しく安全に使うための知識や能力。

356 **ダブルワーク**
本業とは別の仕事を、夜や休日にやっている状態。

351〜356

Step2 解答
① アバター　② ダブルワーク
③ ネットリテラシー　④ ピクトグラム
⑤ ハッキング　⑥ ターミナルケア

ひとくちメモ
「ハッキング」の本来の意味は②のほうだが、日本では①の意味で使われることが多い。

経済

Step 1 意味のわかる言葉をチェック☑

□ 357 インフレ
□ 358 デフレ
□ 359 デリバティブ
□ 360 コマーシャリズム
□ 361 マネーロンダリング

Step 2 [?]に当てはまる言葉は？

① 先物取引、オプション取引などがある。[?]の代表的な取引形態に、
② パンの値段も上がったなあ……。[?]の影響で、
③ オリンピックの問題点のひとつに、[?]がある。
④ 犯罪グループの[?]に、暗号資産が悪用されることがある。
⑤ 企業の倒産が増え、失業者が増えた。[?]の影響で、

Step 3 言葉の意味を確認

357 インフレ
「インフレーション」の略。一般的な物価水準が、継続的に上昇する現象。

358 デフレ
「デフレーション」の略。一般的な物価水準が、継続的に下降する現象。

359 デリバティブ
株式、債券、通貨、金といった金融商品（原資産）の価格を基準に、価値が決定する金融商品。金融派生商品。

360 コマーシャリズム
商業主義。営利主義。

361 マネーロンダリング
不正な手段で得た資金を、他人名義の口座を利用するなどして移転を繰り返し、その出どころをわからなくすること。

Step2 解答
① デリバティブ　② インフレ
③ コマーシャリズム　④ マネーロンダリング
⑤ デフレ

ひとくちメモ
景気が停滞する中で、物価が上昇（インフレ）し続ける現象を、「スタグフレーション」という。

Step 1 意味のわかる言葉をチェック☑

□ 362 キャピタルゲイン

□ 363 デポジット

□ 364 モーダルシフト

□ 365 カルテル

□ 366 インターンシップ

□ 367 クラウドファンディング

Step 2 ［？］に当てはまる言葉は？

① 物流業界では、エコや効率の視点から、［？］が進んでいる。

② 価格には［？］がふくまれ、瓶を店に返すと20円が戻ってくる。

③ ［？］を見込んで、新興企業を支援する。

④ ［？］で集めた資金で、プロジェクトを実現させることができた。

⑤ この会社は、多くの学生の［？］を受け入れている。

⑥ ［？］を結んだうたがいが、関連会社数社にかかる。

Step 3 言葉の意味を確認

362 **キャピタルゲイン** 株や不動産などの、保有資産の値上がり益。

363 **デポジット** 預かり金。保証金。担保。

364 **モーダルシフト** 貨物の輸送を、トラックから、環境負荷の小さい船や鉄道などに転換すること。

365 **カルテル** 同種の企業同士が互いの利益を守るため、商品の価格や生産量などの協定を結ぶこと。

366 **インターンシップ** 卒業前の学生が、企業に短期間、体験入社する制度。

367 **クラウドファンディング** ある目的のため、不特定多数の人たちから、インターネット上で資金を集める仕組み。

362〜367

Step2 解答 ① モーダルシフト ② デポジット ③ キャピタルゲイン ④ クラウドファンディング ⑤ インターンシップ ⑥ カルテル

ひとくちメモ 「カルテル」は消費者の不利益になるため、日本では原則禁止されている。

Step1 意味のわかる言葉をチェック☑

□ 368 ベア

□ 369 ファンド

□ 370 スマートグリッド

□ 371 タックスヘイブン

□ 372 メガバンク

□ 373 フリーライダー

Step2 [?]に当てはまる言葉は？

① [?]対策として、サービスの有料化に踏み切る。

② [?]に利益を移し、不当な課税逃れを図る企業がある。

③ 労働組合が会社と交渉し、基本給を底上げする[?]が実現した。

④ 地球温暖化対策のひとつとして、[?]が注目されている。

⑤ 複数の銀行が合併し、世界最大規模の[?]が誕生した。

⑥ アメリカの投資[?]が、日本の会社を買収する。

Step3 言葉の意味を確認

368 **ベア**
「ベースアップ」の略。賃金の基準を上げること。

369 **ファンド**
投資家たちから集めた資金を、運用して増やす仕組み。また、それを行う会社。

370 **スマートグリッド**
ＩＴを活用した、電力の需要と供給を最適化するネットワーク。

371 **タックスヘイブン**
外国企業に、税制上の優遇措置をとっている地域や国。

372 **メガバンク**
巨大な資産を有する銀行グループ。

373 **フリーライダー**
必要なコストを払わず、利益だけを受ける人。

Step2解答
① フリーライダー ② タックスヘイブン ③ ベア ④ スマートグリッド ⑤ メガバンク ⑥ ファンド

ひとくちメモ
「ファンド」は、「投資ファンド」の形で、ニュースによく登場する言葉。

Step 1 意味のわかる言葉をチェック☑

□ 374 インバウンド

□ 375 ダンピング

□ 376 コールドチェーン

□ 377 アセットマネジメント

□ 378 シナジー効果（こうか）

□ 379 インサイダー取引（とりひき）

Step 2 ［？］に当てはまる言葉は？

① 効率よく資産を運用するため、［？］会社に委託する。

② 日本の観光業界に深刻な影響をおよぼした［？］の減少は、

③ ［？］により数百万円の利益を得たとして、男を逮捕した。

④ 新鮮な魚が食べられるようになった。［？］の発展で、

⑤ 百貨店と家具店が業務提携した。［？］を期待して、

⑥ 適性な価格を義務付け、［？］を防止する。

Step 3 言葉の意味を確認

374 インバウンド
外国からやって来た人の日本旅行。また、その人。

375 ダンピング
不当な安売り。

376 コールドチェーン
生産地から消費地まで、一定の低温を維持して運ぶ仕組み。

377 アセットマネジメント
投資家の資産を、代行して運用・管理すること。

378 シナジー効果
異なる事業間同士が協力することにより、個別に活動するよりも、大きな利益が得られること。相乗効果。

379 インサイダー取引
企業の内部情報を知る者が、それをもとに株式取引を行い、不当な利益を得ること。

374～379

Step2 解答
① アセットマネジメント ② インバウンド
③ インサイダー取引 ④ コールドチェーン
⑤ シナジー効果 ⑥ ダンピング

ひとくちメモ
「インバウンド」に対し、日本人の外国旅行客を「アウトバウンド」という。

政治

Step 1 意味のわかる言葉をチェック☑

□ 380 シーレーン

□ 381 プロパガンダ

□ 382 マネーサプライ

□ 383 キングメーカー

□ 384 シビリアンコントロール

Step 2 [?]に当てはまる言葉は？

① [?]として権勢をふるう元総理大臣。

② 政府の[?]に、ジャーナリストは利用されてはならない。

③ 資源の多くを輸入にたよる日本では、[?]の重要性が高い。

④ 軍の暴走を防ぐため、民主主義国家では[?]が原則だ。

⑤ デフレ脱却のために[?]を増やす政策を期待している。

Step 3 言葉の意味を確認

380 **シーレーン**
戦争などの非常事態が起きた際、国を守るため、確保しなければならない海上交通路。

381 **プロパガンダ**
特定の思想や主義を強調する、政治的な宣伝活動。

382 **マネーサプライ**
金融機関や中央政府をのぞいた、国内の経済主体（企業・個人・地方公共団体など）が保有する通貨量。

383 **キングメーカー**
首相の人選などにも影響を持つ、政界の実力者。

384 **シビリアンコントロール**
国の防衛に関して、軍人ではなく、文民（国民の代表である政治家など）が決定権を持つこと。文民統制。

Step2 解答
① キングメーカー ② プロパガンダ ③ シーレーン ④ シビリアンコントロール ⑤ マネーサプライ

ひとくちメモ
「プロパガンダ」は、一般的に悪い意味合いで使われる言葉。

Step 1 意味のわかる言葉をチェック☑

□ 385 ポピュリズム
□ 386 フィクサー
□ 387 ロビイング
□ 388 レジーム
□ 389 シンクタンク
□ 390 プライマリーバランス

Step 2 ［?］に当てはまる言葉は？

① アメリカでは［?］の政策提言が、国の方針に大きな影響を与える。
② 県民への給付金支給は、［?］との批判も出た。
③ 来年度の国の［?］は、10兆円の赤字になる見通しだ。
④ 業界団体による［?］が、政治家を動かし、新たな法律がうまれた。
⑤ ［?］が、政権交代で大きく変化した。
⑥ 政界最後の［?］とも言われていた実業家。

Step 3 言葉の意味を確認

385 **ポピュリズム**
民衆にへつらう政治姿勢。

386 **フィクサー**
陰でいろいろ動いて、もめごとを処理する人物。黒幕。

387 **ロビイング**
企業や組織などが、自らの利益のために、政治家へ働きかけること。

388 **レジーム**
制度。政治体制。

389 **シンクタンク**
国の政策や企業の戦略を研究する、各分野の専門家を集めた組織。

390 **プライマリーバランス**
歳入（税収など）から、歳出（社会保障や公共事業などにかかる費用）を引いたもの。基礎的財政収支。

385〜390

Step2 解答
① シンクタンク　② ポピュリズム
③ プライマリーバランス　④ ロビイング
⑤ レジーム　⑥ フィクサー

ひとくちメモ
「ロビイング」は、「ロビー活動」ともいう。

Step 1 意味のわかる言葉をチェック☑

□ 391 マニフェスト

□ 392 マイノリティー

□ 393 セーフガード

□ 394 ネガキャン

□ 395 イデオロギー

□ 396 ベーシックインカム

Step 2 [?]に当てはまる言葉は？

① [?]の声にも、政治家は耳を傾けるべきだ。

② [?]の対立が、社会の分断をうむことがある。

③ [?]はせず、正々堂々と選挙運動をしてもらいたいものだ。

④ 政府は日米貿易協定にもとづき、米国産牛肉の[?]を発動した。

⑤ 社会保障制度にかかわる選挙公約として、[?]の導入をかかげる。

⑥ 各政党の選挙に向けた[?]を読んで、投票先を決めることにした。

Step 3 言葉の意味を確認

391 **マニフェスト**
選挙の際、政党や立候補者が約束する政策。

392 **マイノリティー**
少数派。

393 **セーフガード**
①緊急輸入制限。
②安全装置。防衛策。

394 **ネガキャン**
「ネガティブキャンペーン」の略。対立候補の欠点をあばいたり、中傷をしたりして、相手をおとしめる選挙戦術。

395 **イデオロギー**
政治や社会に対する考え方。思想傾向。

396 **ベーシックインカム**
最低限の生活に必要な現金を、全国民に給付する仕組み。最低生活保障。

Step2解答
① マイノリティー　② イデオロギー
③ ネガキャン　④ セーフガード
⑤ ベーシックインカム　⑥ マニフェスト

ひとくちメモ
「マイノリティー」の対義語は、「多数派」を意味する「マジョリティー」。

391〜396

Step 1 意味のわかる言葉をチェック☑

□ 397 インテリジェンス

□ 398 ファシズム

□ 399 イシュー

□ 400 オフレコ

□ 401 レームダック

□ 402 サイレントマジョリティー

Step 2 [?]に当てはまる言葉は？

① 今回の選挙では、明確な[?]が見当たらない。

② [?]の動向が、選挙結果を大きく左右する。

③ 外交でよい結果をおさめるには、政府における[?]の強化が重要だ。

④ ある国の独裁的な政治体制が、海外から「[?]」と非難される。

⑤ [?]との条件で、その政治家は語り出した。

⑥ 支持率が急落し、大統領の[?]化が進む。

Step 3 言葉の意味を確認

397 **インテリジェンス**
得られにくい情報。また、その収集や分析。

398 **ファシズム**
個人の自由を認めず、国家の支配下に置こうとする独裁的な政治体制。

399 **イシュー**
論点。争点。

400 **オフレコ**
「オフ・ザ・レコード」の略。記録や公表をしないという条件で、話すこと。

401 **レームダック**
政治的な影響力を失った政治家。

402 **サイレントマジョリティー**
政治的意見を強く主張しない、多くの一般の人々。声なき多数派。

Step2 解答
① イシュー　② サイレントマジョリティー
③ インテリジェンス　④ ファシズム
⑤ オフレコ　⑥ レームダック

ひとくちメモ
「インテリジェンス」のもともとの意味は、「知性」「知能」。

教養・カルチャー

Step 1 意味のわかる言葉をチェック☑

□ 403 スピンオフ
□ 404 メセナ
□ 405 ライフワーク
□ 406 ブログ
□ 407 インフルエンサー

Step 2 ？に当てはまる言葉は？

① 社会現象となったドラマの ？ 作品も、人気となる。
② 毎日、彼女は ？ で、情報を発信し続けていた。
③ 地方の不思議な話の収集が、彼女の ？ になっている。
④ インターネットで情報を発信する彼女は、若者に人気の ？ だ。
⑤ ある企業の ？ 活動の一環として、その美術館は建てられた。

Step 3 言葉の意味を確認

403 **スピンオフ**
映画やテレビドラマなどから、派生した作品。

404 **メセナ**
主に企業が行う、芸術や文化支援。

405 **ライフワーク**
一生をかけて取り組む仕事、研究、作品など。

406 **ブログ**
書き手が自らの考えや情報を、定期的に発信するウェブサイト。

407 **インフルエンサー**
人々の消費行動（お金を出して、ものを買ったり、サービスを受けたりすること）に、大きな影響力を持つ人。

Step2解答 ①スピンオフ ②ブログ ③ライフワーク ④インフルエンサー ⑤メセナ

ひとくちメモ 「ブログ」で情報を発信する人を、「ブロガー」という。

Step 1 意味のわかる言葉をチェック☑

□ 408 トリビュート

□ 409 メタファー

□ 410 メガヒット

□ 411 プロデュース

□ 412 アフォリズム

□ 413 フィールドワーク

Step 2 [?] に当てはまる言葉は？

① このアクセサリーは、芸能人が [?] したものだ。

② ジャングルでの [?] を通して、動物の生態にせまる。

③ アメリカで、[?] を記録した映画。

④「人生は地獄よりも地獄的である」は、芥川龍之介の残した [?] だ。

⑤ 中央に描かれた太陽は、「希望」の [?] だ。

⑥ 昨年亡くなった作曲家の、[?] コンサートが開かれた。

Step 3 言葉の意味を確認

408 **トリビュート**
尊敬や称賛の気持ちを表現したもの。

409 **メタファー**
あるものの特徴を、別のものでたとえること。隠喩（いんゆ）。

410 **メガヒット**
映画や歌、商品などが、たいへんな人気になること。

411 **プロデュース**
映画、テレビ番組、音楽、イベント、商品などの、演出や企画をすること。

412 **アフォリズム**
様々な物事の本質を、するどく、簡潔に表現した語句。箴言（しんげん）。

413 **フィールドワーク**
実際にその現場へ行って行う研究や調査。野外調査。

408〜413

Step2 解答
① プロデュース　② フィールドワーク
③ メガヒット　④ アフォリズム　⑤ メタファー
⑥ トリビュート

ひとくちメモ
「メガ」は、単位名の上につき、「100万倍」をあらわす語。転じて、「きわめて大きい」の意味になった。

Step 1 意味のわかる言葉をチェック☑

□ 414 オマージュ
□ 415 ノミネート
□ 416 フィクション
□ 417 シンクロ
□ 418 ワークショップ
□ 419 インスタレーション

Step 2 ？に当てはまる言葉は？

① 歴史的事実に、？を織り交ぜて書いた。
② 演技の？に通い、表現力の向上につとめる。
③ 古典への？が、ちりばめられた作品。
④ 賞に？されたが、残念ながら受賞は逃した。
⑤ 布を部屋一面に広げた、？が評判となる。
⑥ 必死に生きる主人公の姿が、自分と？するように思えた。

Step 3 言葉の意味を確認

414 **オマージュ**
敬意を持ちながら、影響を受けた過去の芸術作品と、似たような作品を創作すること。

415 **ノミネート**
候補に推薦すること。

416 **フィクション**
①作りごと。虚構。
②想像で書かれた小説。

417 **シンクロ**
「シンクロナイズ」の略。一致させること。

418 **ワークショップ**
専門家のアドバイスを受けながら行う研究会。

419 **インスタレーション**
展示する空間も利用したアート作品。空間芸術。

Step2 解答
① フィクション　② ワークショップ
③ オマージュ　④ ノミネート
⑤ インスタレーション　⑥ シンクロ

ひとくちメモ
「フィクション」を用いず、事実をもとにつくられた作品を「ノンフィクション」という。

Step 1 意味のわかる言葉をチェック☑

□ 420 デフォルメ
□ 421 オムニバス
□ 422 コミカライズ
□ 423 ディテール
□ 424 バイプレーヤー
□ 425 サブカルチャー

Step 2 [?]に当てはまる言葉は？

① この街は、演劇好きや漫画好きが集まる、[?]の聖地だ。
② 注目を集めたのは、５つの短い物語からなる[?]映画だった。
③ 目立たない[?]にもこだわり、たっぷり時間をかけて作製する。
④ 大胆な[?]は、写楽の浮世絵の特色だ。
⑤ あの漫画家は、小説の[?]を多数手がけている。
⑥ 名[?]として有名な、数多くの作品に出演している俳優。

Step 3 言葉の意味を確認

420 デフォルメ
見たままではなく、変形、誇張して表現すること。

421 オムニバス
いくつかの独立した短い話を集め、それをひとつの作品としてまとめたもの。

422 コミカライズ
小説、映画、ゲームなどを、漫画化すること。

423 ディテール
こまかい部分。

424 バイプレーヤー
映画、劇、テレビドラマなどにおいて、主役を引き立てる役。脇役。

425 サブカルチャー
社会に広く行き渡っている文化（カルチャー）ではなく、ある特定の集団が好む文化。

ひとくちメモ　映画やテレビドラマは「オムニバス」、小説は「アンソロジー」を用いる場合が多い。

Step2解答
① サブカルチャー　② オムニバス
③ ディテール　④ デフォルメ
⑤ コミカライズ　⑥ バイプレーヤー

Step1 意味のわかる言葉をチェック☑

□ 426 プロット

□ 427 モチーフ

□ 428 アンチテーゼ

□ 429 ガーリー

□ 430 アンビバレント

□ 431 モブキャラ

Step2 ？に当てはまる言葉は？

① 喜びと悲しみの ？ な感情が、胸に押し寄せる。

② ？ の段階で、大ヒットの予感があったという。

③ 観衆が描かれたシーンに、その漫画の作者とよく似た ？ がいた。

④ このSF小説には、行き過ぎた情報化社会への ？ がふくまれている。

⑤ 動物を ？ にした芸術作品が、数多く並んでいる。

⑥ 花柄がかわいらしい、 ？ 系ファッション。

Step3 言葉の意味を確認

426 **プロット**
小説や演劇などの構想。

427 **モチーフ**
芸術の分野で、創作のもととなる主な題材。

428 **アンチテーゼ**
ある主張や哲学などに、対立するもの。

429 **ガーリー**
少女のような。女の子らしい。

430 **アンビバレント**
相反する感情が、同時に存在するようす。

431 **モブキャラ**
「モブキャラクター」の略。漫画、アニメ、ゲームなどにおける、その他大勢として描かれるキャラクター（人物）。

Step2 解答
① アンビバレント　② プロット　③ モブキャラ　④ アンチテーゼ　⑤ モチーフ　⑥ ガーリー

ひとくちメモ
「モチーフ」はフランス語に、「アンチテーゼ」はドイツ語に由来する言葉。

Step 1 意味のわかる言葉をチェック☑

□ 432 クロニクル

□ 433 エージェント

□ 434 カタルシス

□ 435 エスプリ

□ 436 リメイク

□ 437 アカデミック

Step 2 ［？］に当てはまる言葉は？

① 悲劇的だが美しいラストシーンに、読者は［？］を感じるのだ。

② パリの［？］を感じさせる芸術作品。

③ 50年前にヒットした映画を、［？］した作品。

④ この地域には図書館や学校などが集まり、［？］な雰囲気がある。

⑤ あの小説家は出版社との交渉を、［？］に任せている。

⑥ 中世の歴史までさかのぼり、［？］としてまとめる。

Step 3 言葉の意味を確認

432 **クロニクル**
年代記。

433 **エージェント**
代理人。

434 **カタルシス**
心の中に抑えこんでいた感情が解放され、もやもやしていた気持ちがすっきりすること。

435 **エスプリ**
①精神。
②相手に「すごいな」と思わせる才能や知恵。

436 **リメイク**
つくり直すこと。

437 **アカデミック**
①学問、研究、芸術などに、熱心なようす。
②伝統にしばられた感じ。

Step2 解答
① カタルシス ② エスプリ ③ リメイク
④ アカデミック ⑤ エージェント
⑥ クロニクル

ひとくちメモ
「カタルシス」は、悲劇的な要素をふくんだ作品の感想などに、よく使われる言葉。

432〜437

スポーツ

Step 1 意味のわかる言葉をチェック☑

□ 438 デッドヒート
□ 439 ボーンヘッド
□ 440 スタッツ
□ 441 キャプテンシー
□ 442 アーバンスポーツ

Step 2 [?] に当てはまる言葉は？

① 彼には、歴代キャプテンの中でもとくに、高い [?] がある。

② [?] は、アートやファッションなど、若者文化と結びつきが強い。

③ 両者は最後まで、[?] を繰り広げた。

④ とんでもない [?] で、相手に得点を許してしまった。

⑤ [?] から、選手やチームの特徴がよくわかる。

Step 3 言葉の意味を確認

438 **デッドヒート**
①激しいせり合い。
②同着。

439 **ボーンヘッド**
間のぬけたプレー。信じられないようなまずいプレー。

440 **スタッツ**
選手やチームの成績をまとめたもの。

441 **キャプテンシー**
キャプテンとして、チームをまとめ上げる力。統率力。

442 **アーバンスポーツ**
スケートボード（スケボー）、スポーツクライミング、ブレイクダンス、BMX（自転車競技の一種）など、大きな競技場を必要としない、気軽に楽しめる都市型スポーツ。

Step2 解答 ① キャプテンシー ② アーバンスポーツ ③ デッドヒート ④ ボーンヘッド ⑤ スタッツ

ひとくちメモ 「スタッツ」は、「統計」を意味する「statistics（スタティスティックス）」の略語。

438〜442

Step 1 意味のわかる言葉をチェック☑

□ 443 オフェンス

□ 444 ビハインド

□ 445 フィジカル

□ 446 ドロー

□ 447 カウンター

□ 448 レギュレーション

Step 2 ［？］に当てはまる言葉は？

① 相手のボールをうばうと、すばやく［？］をしかけた。

② 2試合の出場停止を科せられた。［？］違反により、

③ 3点の［？］を跳ね返し、逆転勝利を収めた。

④ 最後の最後に追いつかれ、［？］に終わった。

⑤ 筋力トレーニングで、［？］を強化し、世界で戦える選手になった。

⑥ ［？］能力が高いチームなので、得点がたくさん入るだろう。

Step 3 言葉の意味を確認

443 **オフェンス**
攻撃。攻撃する側。

444 **ビハインド**
試合などで、相手に負けていること。

445 **フィジカル**
肉体。筋力。

446 **ドロー**
引き分け。

447 **カウンター**
① 「カウンターアタック」の略。防御から一転し、攻撃に移ること。
② 「カウンターブロー（カウンターパンチ）」の略。ボクシングで、相手が攻撃しようと出てきたところを、逆に攻撃すること。

448 **レギュレーション**
守るべき規則。

443〜448

Step2 解答 ① カウンター ② レギュレーション ③ ビハインド ④ ドロー ⑤ フィジカル ⑥ オフェンス

ひとくちメモ 「オフェンス」の対義語は「ディフェンス」。「ビハインド」の対義語は「リード」。

Step 1 意味のわかる言葉をチェック☑

- □ 449 アウェー
- □ 450 ホームアドバンテージ
- □ 451 フライング
- □ 452 インターセプト
- □ 453 ベンチワーク
- □ 454 ジャイアントキリング

Step 2 ［?］に当てはまる言葉は？

① ［?］した選手がいたので、スタートがやり直しになった。

② 自国開催の［?］があるので、今度の大会は期待できる。

③ ［?］での試合は、ホームでの試合に比べてやりにくい。

④ 中盤で［?］し、そのまま相手ゴールへ攻めこんだ。

⑤ ベテラン監督同士の［?］も、見どころだ。

⑥ サッカー日本代表チームがブラジル相手に、［?］をやってのけた。

Step 3 言葉の意味を確認

449 アウェー
相手の本拠地。また、そこで戦うこと。

450 ホームアドバンテージ
ホーム（自身の本拠地）で戦うことの優位性。

451 フライング
スタートの合図の前に、飛び出してしまうこと。

452 インターセプト
サッカーやラグビーなどの球技で、相手側のパスをうばうこと。

453 ベンチワーク
スポーツの試合における采配。

454 ジャイアントキリング
格下の者が、格上の相手を負かすこと。大物食い。番くるわせ。

Step2 解答
① フライング ② ホームアドバンテージ
③ アウェー ④ インターセプト
⑤ ベンチワーク ⑥ ジャイアントキリング

ひとくちメモ
「アウェー」に対し、自身の本拠地を「ホーム」という。

Step 1 意味のわかる言葉をチェック☑

□ 455 ダブルスコア

□ 456 ドーピング

□ 457 ユーティリティー

□ 458 マッチアップ

□ 459 ゴラッソ

□ 460 パブリックビューイング

Step 2 ？ に当てはまる言葉は？

① 約３００人ものファンが集まった。 ？ に、

② 次の試合は、エース同士の ？ になりそうだ。

③ 選手たちは涙を流して、くやしがった。 ？ の大差で負け、

④ 優秀な ？ がチームにいると、戦術に幅が出る。

⑤ 「 ？ ！」と、見事なシュートを決めた選手に観客がさけんだ。

⑥ ？ 検査により、禁止薬物の使用が明らかになった。

Step 3 言葉の意味を確認

455 **ダブルスコア**
試合で一方の得点が、もう一方の得点の２倍あること。

456 **ドーピング**
スポーツ選手が、運動能力を高めるために、薬物を不正に使用すること。

457 **ユーティリティー**
「ユーティリティープレーヤー」の略。複数のポジションをこなせる便利な選手。

458 **マッチアップ**
１対１の対決。

459 **ゴラッソ**
サッカーにおける、すばらしいゴール。

460 **パブリックビューイング**
大型スクリーンを使い、別の会場で行われている試合を、大勢で観戦すること。

455～460

Step2 解答
① パブリックビューイング ② マッチアップ ③ ダブルスコア ④ ユーティリティー ⑤ ゴラッソ ⑥ ドーピング

ひとくちメモ
「パブリックビューイング」は、スポーツに限らず、ほかの大型イベントにおいても使用される言葉。

アルファベット略語

Step 1 意味のわかる言葉をチェック☑

□ 461 IT（アイティー）〔Information Technology〕

□ 462 SDGs（エスディージーズ）〔Sustainable Development Goals〕

□ 463 BPO（ビーピーオー）〔Broadcasting Ethics & Program Improvement Organization〕

□ 464 TPP（ティーピーピー）〔Trans-Pacific Partnership〕

Step 2 ［？］に当てはまる言葉は？

① 日本の［？］への参加は、国内の産業に大きな影響を与えた。

② ［？］の発展は、人類の生活を大きく変えた。

③ ［？］への取り組みで、水の無駄づかいをやめる。

④ ［？］が、番組内容の審議を行う。

Step 3 言葉の意味を確認

461 **IT**
インフォメーション・テクノロジー（情報技術）。コンピューターやインターネットなど、情報処理やデータ通信に関する技術のこと。

462 **SDGs**
持続可能な開発目標。世界の人々が、幸せに暮らすための目標のこと。

463 **BPO**
放送倫理・番組向上機構。テレビやラジオの視聴者からの苦情などを受け付け、番組を審査する。

464 **TPP**
環太平洋パートナーシップ協定。太平洋を取り囲む国々が結ぶ国際条約で、経済のつながりを強化する目的がある。

461〜464

ひとくちメモ
「SDGs」には、「貧困をなくそう」「飢餓をゼロに」「質の高い教育をみんなに」などがある。

Step2 解答 ① TPP ② IT ③ SDGs ④ BPO

Step 1 意味のわかる言葉をチェック☑

□ 465 ICT（アイシーティー）〔Information and Communication Technology〕

□ 466 EV（イーブイ）〔Electric Vehicle〕

□ 467 PR（ピーアール）〔Public Relations〕

□ 468 VR（ブイアール）〔Virtual Reality〕

□ 469 SF（エスエフ）〔Science Fiction〕

Step 2 ［？］に当てはまる言葉は？

① 新製品を、店頭で［？］する。

② 電気で走る［？］には、「環境にやさしい」「音が静か」などの特徴がある。

③ 災害の恐ろしさを、［？］で体験する。

④ ［？］環境を整備し、様々な情報をまとめて管理できるようにする。

⑤ 宇宙船に乗り、宇宙人と旅をする［？］小説。

Step 3 言葉の意味を確認

465 ICT
情報通信技術。「IT」と意味はほぼ同じだが、情報処理やデータ通信に関する技術を使い、「情報や知識の伝達・共有をする」という意味合いが強調されている。

466 EV
電気自動車。

467 PR
世の人々に、理解や協力してもらうための、広報活動。

468 VR
バーチャル・リアリティー（仮想現実）。コンピューターがつくり出した、まるで現実のような仮想空間。

469 SF
科学的な想像を背景につくられた、空想的な物語。

465～469

ひとくちメモ　現在、国際的には、「IT」ではなく、「ICT」が使われることが多い。

Step2 解答　① PR　② EV　③ VR　④ ICT　⑤ SF

Step 1 意味のわかる言葉をチェック☑

□ 470 FBI（エフビーアイ）〔Federal Bureau of Investigation〕

□ 471 JOC（ジェーオーシー）〔Japanese Olympic Committee〕

□ 472 ODA（オーディーエー）〔Official Development Assistance〕

□ 473 QOL（キューオーエル）〔Quality of Life〕

□ 474 iPS細胞（アイピーエスさいぼう）〔Induced Pluripotent Stem Cell〕

Step 2 ［？］に当てはまる言葉は？

① 海外には、日本の［？］でつくられた橋や学校が数多く存在する。

② ［？］の研究が進めば、失われた人体の組織や器官の再生が可能となる。

③ オリンピックの元メダリストが、［？］の要職につく。

④ そのサービスは患者だけでなく、その家族の［？］も高めるだろう。

⑤ アメリカ政府高官の汚職を、［？］があばく。

Step 3 言葉の意味を確認

470 **FBI**
連邦捜査局。アメリカの警察機関のひとつで、大規模な事件の捜査を行う。

471 **JOC**
日本オリンピック委員会。

472 **ODA**
政府開発援助。途上国に対し、その発展を助けるため、資金や技術を提供する。

473 **QOL**
クオリティー・オブ・ライフ（生活の質）。医療や介護の現場でよく使われる言葉で、とくに「精神的な豊かさ」を重視する。

474 **iPS細胞**
人工多能性幹細胞。人体の、いろいろな組織や臓器になることができる細胞のこと。

470〜474

Step2 解答 ① ODA ② iPS細胞 ③ JOC ④ QOL ⑤ FBI

ひとくちメモ 2012年、医学者の山中伸弥さんが、「iPS細胞」の研究で「ノーベル生理学・医学賞」を受賞した。

Step 1 意味のわかる言葉をチェック☑

□ 475 CEO（シーイーオー）〔Chief Executive Officer〕

□ 476 EEZ（イーイーゼット）〔Exclusive Economic Zone〕

□ 477 AED（エーイーディー）〔Automated External Defibrillator〕

□ 478 PKO（ピーケーオー）〔Peace Keeping Operations〕

□ 479 CPU（シーピーユー）〔Central Processing Unit〕

Step 2 ［？］に当てはまる言葉は？

① ［？］は、世界の平和と安定を目指す、国連の活動である。

② 日本の［？］内で、海外の船は勝手に海洋調査してはならない。

③ ［？］のおかげで、毎年、多くの命が助かっている。

④ ［？］が、会社の方針について説明する。

⑤ ［？］の性能が低いので、パソコンの動作が遅い。

Step 3 言葉の意味を確認

475 **CEO**
最高経営責任者。

476 **EEZ**
排他的経済水域。ほかの国にじゃまされずに、漁業や開発などを行える水域のこと。

477 **AED**
自動体外式除細動器。心臓の活動が停止した人を助ける、救命装置の一種。

478 **PKO**
国連平和維持活動。国同士の争い、宗教対立、民族対立などが拡大しないように監視し、争い後の仕組みをととのえる手助けも行う。

479 **CPU**
中央処理装置。プログラムの実行など、コンピューターの中心的役割を果たす装置。

Step2 解答 ① PKO ② EEZ ③ AED ④ CEO ⑤ CPU

ひとくちメモ 「CPU」はしばしば、コンピューターにおける「頭脳」にたとえられる。

Step 1 意味のわかる言葉をチェック☑

□ 480 SNS（エスエヌエス）〔Social Networking Service〕

□ 481 B to C（ビートゥーシー）〔Business to Consumer〕

□ 482 C to C（シートゥーシー）〔Consumer to Consumer〕

□ 483 TPO（ティーピーオー）〔Time, Place, Occasion〕

□ 484 NPO（エヌピーオー）〔Non-Profit Organization〕

Step 2 ［？］に当てはまる言葉は？

① ネットオークションは、［？］の代表的な例だ。

② オンラインショップは、［？］の代表的な例だ。

③ 一人暮らしのお年寄りを支える［？］に参加する。

④ ［？］によって、着こなしをかえる。

⑤ 代表的な［？］に、「インスタグラム」がある。

Step 3 言葉の意味を確認

480 **SNS**
ソーシャル・ネットワーキング・サービス。人と人とのコミュニケーションを目的とした、インターネットを利用したサービスのこと。

481 **B to C**
企業が直接、一般消費者を相手にして行う商取引。

482 **C to C**
インターネットを通じ、一般消費者同士が行う商取引。

483 **TPO**
「時」、「場所」、「場合」。また、それに応じた、服装や振る舞い。

484 **NPO**
非営利組織。金もうけを目的とせずに、社会的な問題に取り組む民間の団体。

Step2解答 ① C to C　② B to C　③ NPO　④ TPO　⑤ SNS

ひとくちメモ 「B to C」「C to C」を、「B 2 C」「C 2 C」と表現することもある。

Step 1 意味のわかる言葉をチェック☑

□ 485 NGO（エヌジーオー）〔Non-Governmental Organization〕

□ 486 FTA（エフティーエー）〔Free Trade Agreement〕

□ 487 ATM（エーティーエム）〔Automatic Teller Machine〕

□ 488 DV（ディーブイ）〔Domestic Violence〕

□ 489 Quad（クアッド）〔Quadrilateral Security Dialogue〕

Step 2 ［？］に当てはまる言葉は？

① 「国境なき医師団」は、戦争や天災などで苦しむ人々を助ける［？］だ。

② ［？］の首脳会談で、安全保障政策について話し合われた。

③ ［？］の被害者を守るための法律が、制定された。

④ ［？］の交渉開始が、両国が出した共同声明に盛りこまれた。

⑤ 銀行の［？］で、お金をおろす。

Step 3 言葉の意味を確認

485 **NGO**
非政府組織。平和や人権問題を解決するため、ときには国を越えて活動する民間の団体。

486 **FTA**
自由貿易協定。2国間、あるいは複数の国の間で結ばれる協定で、貿易活発化を目指す。

487 **ATM**
現金自動預け払い機。

488 **DV**
ドメスティック・バイオレンス（家庭内暴力）。配偶者や恋人に対する、肉体的・精神的な暴力のこと。

489 **Quad**
日本・アメリカ・オーストラリア・インドの4か国における、協力関係のこと。

ひとくちメモ
「NGO」と「NPO」は、どちらも「非政府」「非営利」であるなど、共通点が多い。

Step2 解答 ① NGO ② Quad ③ DV ④ FTA ⑤ ATM

Step 1 意味のわかる言葉をチェック☑

□ 490 G7（ジーセブン）〔Group of Seven〕

□ 491 GPS（ジーピーエス）〔Global Positioning System〕

□ 492 LAN（ラン）〔Local Area Network〕

□ 493 CG（シージー）〔Computer Graphics〕

□ 494 ICU（アイシーユー）〔Intensive Care Unit〕

Step 2 ［?］に当てはまる言葉は？

① 校舎内には、無線［?］が整備されている。

② ［?］のリーダーたちが、世界経済について話し合った。

③ まるで写真のようだけど、これは［?］なんだよ。

④ 緊急手術後、［?］に運ばれ、適切な治療を受けた。

⑤ 親が［?］機能を使い、子どもの安全確認を行う。

Step 3 言葉の意味を確認

490 **G7**
日本・アメリカ・カナダ・イギリス・フランス・ドイツ・イタリアの7か国と、EU（欧州連合）による国際会議。

491 **GPS**
全地球測位システム。人工衛星を利用し、現在の位置を知ることができる。

492 **LAN**
ローカル・エリア・ネットワーク。建物内や、限定されたせまい地域のデータ通信網のこと。

493 **CG**
コンピューター・グラフィックス。コンピューターを使って作成した画像のこと。

494 **ICU**
集中治療室。

Step2 解答　① LAN　② G7　③ CG　④ ICU　⑤ GPS

ひとくちメモ　「無線LAN」は、ケーブルではなく、電波や赤外線などを利用したネットワーク通信のこと。

Step 1 意味のわかる言葉をチェック☑

□ 495 AI（エーアイ）〔Artificial Intelligence〕

□ 496 WHO（ダブリューエイチオー）〔World Health Organization〕

□ 497 WTO（ダブリューティーオー）〔World Trade Organization〕

□ 498 IMF（アイエムエフ）〔International Monetary Fund〕

□ 499 ISS（アイエスエス）〔International Space Station〕

Step 2 ？ に当てはまる言葉は？

① ？ が、感染症の世界的な広がりに、注意をうながす。

② ？ において、新たな貿易のルールが協議された。

③ ？ の発展によって、将来、なくなる仕事もあるだろう。

④ ？ に滞在していた宇宙飛行士が、約1年ぶりに地球に戻った。

⑤ ？ が、今後の世界経済の見通しを発表した。

Step 3 言葉の意味を確認

495 AI
人工知能。人間の知的な行動を、コンピューターによって人工的につくり出すシステムのこと。

496 WHO
世界保健機関。保健衛生の分野を担当する、国連の機関のひとつ。

497 WTO
世界貿易機関。国際貿易の分野を担当する、国連の機関のひとつ。

498 IMF
国際通貨基金。国際貿易の促進、為替の安定などの役割を担っている、国連の機関のひとつ。

499 ISS
国際宇宙ステーション。

495〜499

Step2 解答　① WHO　② WTO　③ AI　④ ISS　⑤ IMF

ひとくちメモ　「WHO」「WTO」の本部はスイスのジュネーブ、「IMF」の本部はアメリカのワシントンD.C.にある。

Step 1 意味のわかる言葉をチェック☑

□ 500 IoT（アイオーティー）〔Internet of Things〕

□ 501 OJT（オージェーティー）〔On-The-Job Training〕

□ 502 EC（イーシー）〔Electronic Commerce〕

□ 503 LCC（エルシーシー）〔Low Cost Carrier〕

□ 504 LGBT（エルジービーティー）〔Lesbian, Gay, Bisexual, Transgender〕

Step 2 ［？］に当てはまる言葉は？

① テレビや冷蔵庫がインターネットでつながる、［？］の時代がやって来た。

② ［？］は低運賃実現のため、機内サービスや設備の簡素化を行っている。

③ 店頭での販売だけでなく、［？］販売も試みる。

④ 職場内の［？］だけでなく、社外研修なども、従業員の成長には必要だ。

⑤ 日本ではまだ、「［？］」や「性の多様性」に対する理解が低い。

Step 3 言葉の意味を確認

500 **IoT**
「モノのインターネット」と呼ばれる、身の回りのあらゆるモノが、インターネットにつながることで実現するサービスや考え方の総称。

501 **OJT**
オン・ザ・ジョブ・トレーニング。実際の仕事を通じて行う教育・訓練のこと。

502 **EC**
インターネット上で行う商取引のこと。

503 **LCC**
格安航空会社。

504 **LGBT**
同性に恋愛感情を持つ人、自身の性別に違和感を持つ人など、「性的少数者」をあらわす言葉のひとつ。

Step2 解答 ① IoT ② LCC ③ EC ④ OJT ⑤ LGBT

ひとくちメモ 「EC」の別の言い方に、「電子商取引」や「Eコマース」がある。

Step 1 意味のわかる言葉をチェック☑

□ 505 ASEAN（アセアン）
〔Association of Southeast Asian Nations〕

□ 506 NASA（ナサ）
〔National Aeronautics and Space Administration〕

□ 507 JAXA（ジャクサ）
〔Japan Aerospace Exploration Agency〕

□ 508 DNA（ディーエヌエー）
〔Deoxyribonucleic Acid〕

□ 509 PDCAサイクル（ピーディーシーエー）
〔Plan-Do-Check-Act cycle〕

Step 2 ？ に当てはまる言葉は？

① ？ は、日本の宇宙航空開発を担っている。

② アメリカの政府機関の ？ が、月に関する新たな研究結果を発表した。

③ 微生物の ？ を研究し、生命の謎にせまる。

④ ？ の各国は、日本を重要なパートナーと見なしている。

⑤ ？ を現場に定着させ、業務の円滑化を図る。

Step 3 言葉の意味を確認

505 ASEAN
東南アジア諸国連合。東南アジア諸国による地域協力機構で、相互の経済発展などを目的にしている。

506 NASA
アメリカ航空宇宙局。

507 JAXA
宇宙航空研究開発機構。

508 DNA
①デオキシリボ核酸。生物の、遺伝情報をつかさどる役目がある。
②比喩的に、前の代から、途切れることなく受け継がれてきたもの。

509 PDCAサイクル
計画・実行・評価・改善の4段階を繰り返す、業務をスムーズに進めるための管理手法。

Step2 解答
①JAXA ②NASA ③DNA
④ASEAN ⑤PDCAサイクル

ひとくちメモ
「DNA」にある生物の持つ遺伝子情報を、「ゲノム」という。

505〜509

理解度チェック！

（ 解答は143ページ ）

Q1

次のカタカナ語を、日本語であらわすと？　の中からひとつ、選びましょう。

①**レジーム**
②**マイノリティー**
③**メタファー**
④**ダイバーシティー**
⑤**セーフガード**

多様性　商業主義　政治体制
箴言　隠喩　緊急輸入制限　統率力
副業　少数派　権威　終末期医療

Q2

太字のカタカナ語が、正しく使われている文章をふたつ、選びましょう。

①すぐに腹を立てる、**アダルトチルドレン**なおとなが増えている。
②**フードロス**削減のため、コンビニが消費者へ、商品棚の手前取りをお願いする。
③鉄道輸送の一部をトラックに切り替える**モーダルシフト**が、注目を浴びている。
④政府が**プライマリーバランス**の黒字化目標を設定し、その達成につとめる。
⑤全体像を共有するため、こまかい部分は後回しにし、まずは**ディテール**を話し合う。

第3章

知っておきたい必須ワード・言い回し

メール・ビジネス文書の頻出ワード

Step 1 意味のわかる言葉をチェック☑

□ 510 弊社（へいしゃ）

□ 511 貴社（きしゃ）

□ 512 恐縮（きょうしゅく）

□ 513 教示（きょうじ）

□ 514 一同（いちどう）

Step 2 [?]に当てはまる言葉は？

① 今後の仕事に役立てたいと存じますので、ぜひ、ご[?]ください。

② 今後とも、[?]の商品をよろしくお願いいたします。

③ 社員[?]、お待ちしております。

④ それでは今月5日の14時に、[?]にうかがいます。

⑤ まことに[?]ではございますが、ご検討のほど、お願いいたします。

Step 3 言葉の意味を確認

510 弊社
自分の会社をへりくだっていう語。

511 貴社
相手をうやまい、その属する会社をいう語。

512 恐縮
相手から親切を受けたり、相手に迷惑をかけたりして、申し訳なく思うこと。

513 教示
やり方や知識などを、教え示すこと。

514 一同
①みんな。全体。その場の全員。
②まったく同じであること。同一。

Step2解答　① 教示　② 弊社　③ 一同　④ 貴社　⑤ 恐縮

ひとくちメモ　「貴社」と同じ意味の語に「御社」があるが、一般に「貴社」は書き言葉で、「御社」は話し言葉で使う。

Step 1 意味のわかる言葉をチェック☑

□ 515 査収（さしゅう）
□ 516 多忙（たぼう）
□ 517 進捗（しんちょく）
□ 518 各位（かくい）
□ 519 末筆（まっぴつ）
□ 520 下記（かき）

Step 2 ［？］に当てはまる言葉は？

① 期日が近づいてまいりましたが、［？］状況はいかがでしょうか。
② お見積書を送付いたしました。よろしくご［？］ください。
③ ［？］ではございますが、皆様のさらなるご活躍をお祈り申し上げます。
④ 日時や場所などは、［？］の通りです。
⑤ ご［？］の中、ご返信くださり、まことにありがとうございます。
⑥ 関係者［？］には、たいへんなご迷惑をおかけしました。

Step 3 言葉の意味を確認

515 査収
金銭・書類・品物などを、よく調べて受け取ること。

516 多忙
非常にいそがしいこと。

517 進捗
①作業や勉強などが、順調に進むこと。
②仕事などの進み具合。

518 各位
大勢の人を対象にしたとき、そのひとりひとりをうやまっていう語。皆様方。

519 末筆
手紙やメールなどの文章で、終わりに記す言葉。

520 下記
ある文章の次に書くこと。また、その文章。

Step2 解答
① 進捗　② 査収　③ 末筆　④ 下記
⑤ 多忙　⑥ 各位

ひとくちメモ
「末筆ではございますが」は、手紙やメールの最後の、結びのあいさつの書き出しによく用いられる表現。

515〜520

Step 1 意味のわかる言葉をチェック☑

□ 521 添付（てんぷ）

□ 522 貼付（ちょうふ）

□ 523 対処（たいしょ）

□ 524 鋭意（えいい）

□ 525 割愛（かつあい）

□ 526 規格（きかく）

Step 2 ［？］に当てはまる言葉は？

① すぐに［？］できず、失礼しました。今から、すぐに調べます。

② メールに、必要な資料を［？］し忘れた。

③ 誌面の都合で［？］しました。ご了承ください。

④ 問い合わせを受け、製品の［？］を確認する。

⑤ 書類を郵送するため、封筒に切手を［？］する。

⑥ 社内イベントの計画は、［？］進めています。

Step 3 言葉の意味を確認

521 添付
付け添えること。

522 貼付
はりつけること。読みは「てんぷ」とも。

523 対処
ある事態に対して、その場にふさわしい処置をとること。

524 鋭意
気持ちを集中し、物事に打ちこんでいること。

525 割愛
もったいないと思いながらも、手放したり、省略したりすること。

526 規格
製品の形・大きさ・品質・材料などについて、定められた基準。

Step2 解答
① 対処　② 添付　③ 割愛　④ 規格
⑤ 貼付　⑥ 鋭意

ひとくちメモ
「割愛」を、「無駄なものを省く」の意味で使うのは誤り。

Step 1 意味のわかる言葉をチェック☑

□ 527 当面（とうめん）

□ 528 拝読（はいどく）

□ 529 相違（そうい）

□ 530 採算（さいさん）

□ 531 一任（いちにん）

□ 532 指針（ししん）

Step 2 ［？］に当てはまる言葉は？

① 内容に［？］がないか、ご確認ください。

② 国の［？］に沿って、労働環境の改善を図る。

③ 先生のご本を、早速、［？］しました。

④ 材料費の高騰で、［？］が取れない可能性がある。

⑤ ［？］はこのまま、計画を続行します。

⑥ 今回のプロジェクトは、私に［？］されている。

Step 3 言葉の意味を確認

527 **当面**
①今のところ。
②今、直面していること。

528 **拝読**
読むことを、書き手のことをうやまっていう語。

529 **相違**
ふたつのものの間に違いがあること。

530 **採算**
利益があるかどうか、収入と支出を計算すること。また、利益があること。

531 **一任**
すべてを任せること。

532 **指針**
①時計や計器などの針。
②物事の方針。

527〜532

Step2 解答 ① 相違 ② 指針 ③ 拝読 ④ 採算 ⑤ 当面 ⑥ 一任

ひとくちメモ 「拝読する」は「読む」の謙譲語、「拝見する」は「見る」の謙譲語、「拝聴する」は「聴く」の謙譲語。

Step 1 意味のわかる言葉をチェック☑

□ 533 算定（さんてい）
□ 534 概算（がいさん）
□ 535 特筆（とくひつ）
□ 536 骨子（こっし）
□ 537 支障（ししょう）
□ 538 やぶさか

Step 2 ？に当てはまる言葉は？

① 仕事への［？］が出ない範囲で、協力してください。
② 給料をベースに、住民税が［？］される。
③ ご依頼の件、お引き受けするのに、［？］ではございません。
④ ［？］すべき事項は、ございません。
⑤ 建築費は［？］で、80億円と見込まれている。
⑥ 両社が発表した共同声明の［？］を確認する。

Step 3 言葉の意味を確認

533 **算定**
計算して決めること。

534 **概算**
金額や数量を、大まかに計算すること。また、その計算。

535 **特筆**
特別のものとして取り上げ、書くこと。

536 **骨子**
物事の中心となる部分。

537 **支障**
何かを進めるにあたり、さまたげとなること。

538 **やぶさか**
①《「〜やぶさかでない（やぶさかではない）」の形で》喜んで〜する。気持ちよく〜をやる。
②思い切りの悪いようす。

Step2 解答　① 支障　② 算定　③ やぶさか　④ 特筆　⑤ 概算　⑥ 骨子

ひとくちメモ　「やぶさかでない」を、「仕方なくする」の意味で使うのは誤り。

Step 1 意味のわかる言葉をチェック☑

□ 539 可及的（かきゅうてき）

□ 540 一両日（いちりょうじつ）

□ 541 過不足（かふそく）

□ 542 前倒し（まえだおし）

□ 543 差し出がましい（さしでがましい）

□ 544 折り入って（おりいって）

Step 2 ［？］に当てはまる言葉は？

① ［？］ご相談したいことがあるのですが、本日、お時間ございますか。

② あとから困らないように、［？］で仕事を進めます。

③ ［？］すみやかに対応いたします。

④ 各人の能力や経験を考慮し、［？］なく、仕事を割り振る。

⑤ ［？］お願いで恐縮ですが、ご検討のほど、よろしくお願いいたします。

⑥ ［？］中に、また連絡します。

Step 3 言葉の意味を確認

539 可及的
できるだけ。可能な限り。及ぶ限り。

540 一両日
一日または二日。

541 過不足
多すぎることと、足りないこと。

542 前倒し
①前に倒すこと。
②最初の予定よりも、計画を早めて行うこと。

543 差し出がましい
出しゃばった感じである。

544 折り入って
何か大事なことを、思い切って言うようす。ぜひとも。特別に。

539〜544

Step2 解答　① 折り入って　② 前倒し　③ 可及的　④ 過不足　⑤ 差し出がましい　⑥ 一両日

ひとくちメモ　「過不足」は「かぶそく」と読まれることも多いが、本来の読みは「かふそく」。

間違えやすい同音異義語

Step 1 意味のわかる言葉をチェック☑

□ 545 保障（ほしょう）
□ 546 保証（ほしょう）
□ 547 補償（ほしょう）
□ 548 精算（せいさん）
□ 549 清算（せいさん）

Step 2 [?] に当てはまる言葉は？

① 会計の際、ひとりあたりの料金を、飲食店側が [?] してくれた。
② 複数の国と、安全 [?] 条約を結ぶ。
③ 会社の経営が行き詰まり、[?] を決断した。
④ 購入から5年間は、商品の質を [?] します。
⑤ 災害や事故が起きた際の、[?] 内容を確認する。

Step 3 言葉の意味を確認

545 **保障**
安全や権利など守り、安定した状態を保つこと。

546 **保証**
大丈夫だと認め、責任を持つこと。

547 **補償**
与えた損害をおぎない、つぐなうこと。

548 **精算**
金額などを、こまかく計算すること。

549 **清算**
①貸し借りを計算して、決着をつけること。
②これまでの関係や事柄に、決着をつけること。
③会社などの団体が解散した際に、その財産関係を整理すること。

Step2 解答 ① 精算 ② 保障 ③ 清算 ④ 保証 ⑤ 補償

ひとくちメモ 「保証」を使った言葉には、「保証人」「保証書」などがある。

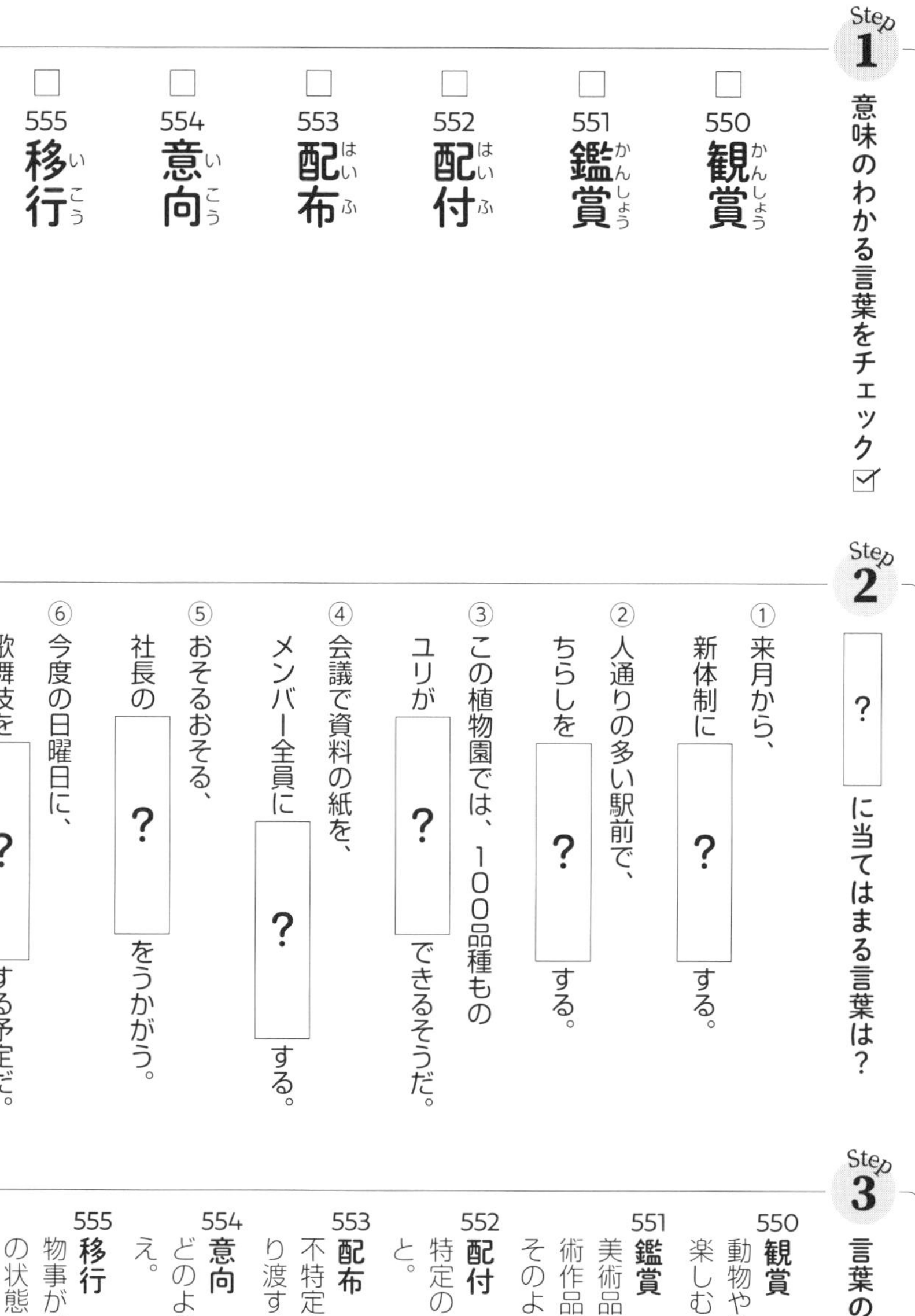

Step 1 意味のわかる言葉をチェック

□ 550 観賞（かんしょう）

□ 551 鑑賞（かんしょう）

□ 552 配付（はいふ）

□ 553 配布（はいふ）

□ 554 意向（いこう）

□ 555 移行（いこう）

Step 2 ？に当てはまる言葉は？

① 来月から、新体制に ？ する。

② 人通りの多い駅前で、ちらしを ？ する。

③ この植物園では、100品種ものユリが ？ できるそうだ。

④ 会議で資料の紙を、メンバー全員に ？ する。

⑤ おそるおそる、社長の ？ をうかがう。

⑥ 今度の日曜日に、歌舞伎を ？ する予定だ。

Step 3 言葉の意味を確認

550 **観賞** 動物や植物、景色などを見て楽しむこと。

551 **鑑賞** 美術品、映画、音楽などの芸術作品を見たり聞いたりして、そのよさを味わい楽しむこと。

552 **配付** 特定の人たちに、配り渡すこと。

553 **配布** 不特定の人たちに、広く、配り渡すこと。

554 **意向** どのようにしたいかという考え。

555 **移行** 物事が、ある状態から、ほかの状態へ移っていくこと。

550〜555

Step2 解答　① 移行　② 配布　③ 観賞　④ 配付　⑤ 意向　⑥ 鑑賞

ひとくちメモ　「観賞」は自然のものに対して使う言葉。一方、「鑑賞」は芸術作品に対して使う言葉。

Step 1 意味のわかる言葉をチェック☑

□ 556 再現（さいげん）
□ 557 際限（さいげん）
□ 558 後進（こうしん）
□ 559 更新（こうしん）
□ 560 原状（げんじょう）
□ 561 現状（げんじょう）

Step 2 ［？］に当てはまる言葉は？

① 私だって［？］に、満足しているわけではないんだ。
② ［？］なく話し続けられ、困惑する。
③ 大会記録を［？］する、すばらしい結果だった。
④ 現実の世界を、デジタルで［？］する技術が発展した。
⑤ 引退して、［？］の指導に当たる。
⑥ 契約では、部屋の状態を［？］に戻すことになっている。

Step 3 言葉の意味を確認

556 **再現** 以前にあった物事を、ふたたび現すこと。また、現れること。

557 **際限** 物事の終わり。

558 **後進** ①仕事・学問・芸術などの道において、あとから進んでくる人。後輩。②うしろへ動くこと。後退。

559 **更新** ①新しいものに改まる（改める）こと。②ある契約が終わる際、その契約を継続すること。

560 **原状** 変化する前の状態。

561 **現状** 現在の状態。

Step2 解答 ①現状 ②際限 ③更新 ④再現 ⑤後進 ⑥原状

ひとくちメモ 「際限」はふつう、「際限ない」「際限なく」などのように、あとに打ち消しの語がつく。

Step 1 意味のわかる言葉をチェック☑

☐ 562 礼遇（れいぐう）

☐ 563 冷遇（れいぐう）

☐ 564 予断（よだん）

☐ 565 余談（よだん）

☐ 566 摂取（せっしゅ）

☐ 567 接種（せっしゅ）

Step 2 ［？］に当てはまる言葉は？

① 熱中症予防に、こまめに水分を［？］する。

② 来日した大統領を、国賓として［？］する。

③ インフルエンザの予防［？］を受ける。

④ 病状は依然、［？］を許さない。

⑤ ［？］はこれくらいにして、そろそろ本題に入ろう。

⑥ 人事面で［？］され続けた彼が、ようやく認められた。

Step 3 言葉の意味を確認

562 礼遇
礼儀を尽くし、もてなすこと。

563 冷遇
冷たく扱うこと。また、適切でない低い扱い。

564 予断
この後どうなるかを前もって判断すること。予測。

565 余談
中心となる話題から、離れた話。

566 摂取
①栄養などを、体内に取り入れること。
②知識などを、自分のものとして、取り入れること。

567 接種
ワクチン（毒性を弱めた病原体）などを、体内に入れること。

Step2 解答 ①摂取 ②礼遇 ③接種 ④予断 ⑤余談 ⑥冷遇

ひとくちメモ 「予断」は「予断を許さない」の形でよく使われる。「情勢が不安定で、前もって判断できない」の意。

Step 1 意味のわかる言葉をチェック☑

□ 568 意義（いぎ）

□ 569 異議（いぎ）

□ 570 異義（いぎ）

□ 571 志向（しこう）

□ 572 施行（しこう）

□ 573 試行（しこう）

Step 2 ？ に当てはまる言葉は？

① 発音が同じで意味が異なる語を、同音 ？ 語という。

② ？ 錯誤を繰り返し、ついに納得いく作品が完成した。

③ 決定にただひとり、 ？ をとなえた。

④ 彼は、強い権力 ？ の持ち主だ。

⑤ やっている仕事に、 ？ を見出せない。

⑥ 「憲法記念日」は日本国憲法の ？ を記念する日だ。

Step 3 言葉の意味を確認

568 **意義**
①意味。
②価値。

569 **異議**
ある意見に対する、異なった意見や反対意見。異論。

570 **異義**
異なった意味。

571 **志向**
心を、ある目的や目標に向けること。

572 **施行**
①法令の効力を、実際に発生させること。読みは「せこう」とも。
②実際に行うこと。

573 **試行**
試しにやってみること。こころみること。

Step2 解答 ①異義 ②試行 ③異議 ④志向 ⑤意義 ⑥施行

ひとくちメモ 「試行錯誤」は、いろいろな方法を試し、失敗を重ねながら、ある目的の達成を追求すること。

Step 1 意味のわかる言葉をチェック☑

□ 574 体制（たいせい）
□ 575 体勢（たいせい）
□ 576 態勢（たいせい）
□ 577 大勢（たいせい）
□ 578 決済（けっさい）
□ 579 決裁（けっさい）

Step 2 ［？］に当てはまる言葉は？

①図書館で、これまでの日本の政治［？］を調べる。
②キャッシュレス［？］の流れが加速し、現金払いが減っている。
③急すぎて、受け入れ［？］が整っていない。
④書類をまとめ、上司に［？］を仰いだ。
⑤予想以上に、賛成が［？］を占めた。
⑥柔道の試合で、相手の［？］をくずす。

Step 3 言葉の意味を確認

574 **体制**
①社会や組織の仕組み。
②その社会を支配している政治権力。

575 **体勢**
体の構え。姿勢。

576 **態勢**
ある事柄に対応するための姿勢。

577 **大勢**
①だいたいのようす。
②世の中の成り行き。

578 **決済**
買い手が代金を支払い、売り手が商品を渡したり、サービスを提供したりすること。

579 **決裁**
権限を持っている人物が、部下が出した案の可否を決めること。

ひとくちメモ
「ずっと続いている」仕組みなどを指す「体制」に対し、「態勢」は「一時的な」対応のことをいう。

Step2 解答
①体制 ②決済 ③態勢 ④決裁 ⑤大勢 ⑥体勢

正しくきちんと使いたい重要ワード

Step 1 意味のわかる言葉をチェック☑

□ 580 いたって
□ 581 つぶさに
□ 582 まだしも
□ 583 遠（とお）からず
□ 584 なし崩（くず）し

Step 2 ？に当てはまる言葉は？

① 宇宙へ簡単に行ける時代が、？来るだろうか。
② ご心配なく。？健康です。
③ 計画が？に変更され、現場が混乱する。
④ 1週間だけなら？、1カ月間もお酒禁止だなんて、あんまりだ。
⑤ 1時間ごとに、状況を？報告してください。

Step 3 言葉の意味を確認

580 いたって
程度が、普通ではないようす。きわめて。非常に。

581 つぶさに
①こまかく、くわしいようす。詳細に。
②ことごとく。関係あるものをすべて。

582 まだしも
比較して、少しは好ましいようす。よくはないが、それでも。

583 遠からず
近い将来。近いうちに。

584 なし崩し
①物事を少しずつ変化させ、あいまいにしてしまうこと。
②物事を少しずつ処理していくこと。
③借金を少しずつ返すこと。

Step2 解答
① 遠からず ② いたって ③ なし崩し
④ まだしも ⑤ つぶさに

ひとくちメモ
「なし崩しに」を、「いっぺんに」の意味で使うのは誤り。

Step 1 意味のわかる言葉をチェック☑

□ 585 体(てい)よく

□ 586 折(おり)よく

□ 587 総(そう)じて

□ 588 事(こと)も無(な)げ

□ 589 あたかも

□ 590 得(え)難(がた)い

Step 2 ? に当てはまる言葉は？

① 駅を出ると、 ? バスが来た。

② 「私に任せてください」と言い、彼は ? にやってのけた。

③ 彼は ? 能力の持ち主だ。ぜひ入社してもらいたいものだ。

④ 面倒なことになりそうだったので、 ? お断りした。

⑤ 運動部に所属していた新入社員は、 ? 体力がある。

⑥ ? タイムスリップしたかのような風景が、楽しめます。

Step 3 言葉の意味を確認

585 **体よく**
本心を出さずに、上手に取りつくろうようす。体裁よく。

586 **折よく**
（時機が）ちょうどよく。都合よく。

587 **総じて**
全体の傾向を示すようす。全体的に見て。一般に。おしなべて。

588 **事も無げ**
何でもないように、平気なようす。簡単なようす。

589 **あたかも**
①似ていることを強調する語。まるで。さながら。
②ちょうどその時。

590 **得難い**
簡単には手に入らない。貴重だ。

Step2 解答
① 折よく ② 事も無げ ③ 得難い
④ 体よく ⑤ 総じて ⑥ あたかも

ひとくちメモ
「折よく」の対義語は、「ちょうど悪いときに」という意味の「折あしく」。

Step 1 意味のわかる言葉をチェック☑

□ 591 あまねく

□ 592 小難（こむずか）しい

□ 593 たゆまぬ

□ 594 あながち

□ 595 なかんずく

□ 596 期（き）せずして

Step 2 ？に当てはまる言葉は？

① 彼の言っていることも、［？］うそではない。

② 昨日と同じ場所で、［？］出会った。

③ 大企業なので、その社名は世間に［？］知れ渡っている。

④ 皆さんにはこの図を見てもらいましょう。［？］話はこれくらいにして、

⑤ いずれ実を結ぶと信じています。［？］努力が、

⑥ 採用基準はいろいろあるが、［？］人柄を重視している。

Step 3 言葉の意味を確認

591 **あまねく**
広く行き渡っているようす。広く。一般に。

592 **小難しい**
なんとなく難しい。少し面倒である。

593 **たゆまぬ**
ゆるむことがない。だらけることがない。

594 **あながち**
《うしろに「〜ない」のような打消しの表現をともない》必ずしも、決めつけることのできないようす。

595 **なかんずく**
中でも。とくに。

596 **期せずして**
思いがけず。

Step2 解答
① あながち ② 期せずして ③ あまねく
④ 小難しい ⑤ たゆまぬ ⑥ なかんずく

ひとくちメモ
「なかんずく」は、対象や候補がいくつかあるものの中から、とくにひとつを取り上げる場合に使う。

Step 1 意味のわかる言葉をチェック☑

□ 597 あらかた
□ 598 あらたか
□ 599 おざなり
□ 600 あくまで
□ 601 いかばかり
□ 602 我(われ)ながら

Step 2 [?]に当てはまる言葉は？

① 彼らの悲しみは、[?]だろうか。
② ついに完成したぞ。[?]よくできたと思う。
③ 霊験[?]な泉として、古くから信仰の対象となっていた。
④ ぼくは[?]、君の味方だ。信じてほしい。
⑤ [?]な返事をされ、気分が悪かった。
⑥ 今週の仕事は[?]片付いたので、君の仕事を手伝うよ。

Step 3 言葉の意味を確認

597 **あらかた**
ほぼ全部。およそ。

598 **あらたか**
神仏の霊験（不思議な力）や薬の効きめが、はっきりあらわれるようす。

599 **おざなり**
その場のがれに、いい加減に、すませるようす。

600 **あくまで**
最後までやりとげる意志をあらわすようす。どこまでも。徹底的に。

601 **いかばかり**
程度を推測するようす。どれくらい。

602 **我ながら**
自分のしたことではあるが。自分自身のことではあるが。

597〜602

Step2 解答 ① いかばかり ② 我ながら ③ あらたか ④ あくまで ⑤ おざなり ⑥ あらかた

ひとくちメモ いい加減であっても何かするのが「おざなり」、いい加減でほとんど何もしないのが「なおざり」。

Step1 意味のわかる言葉をチェック☑

□ 603 口(くち)さがない

□ 604 おこがましい

□ 605 しかつめらしい

□ 606 やにわに

□ 607 おもむろに

□ 608 はなはだ

Step2 [？]に当てはまる言葉は？

① 部長は終始、[？]顔で話していた。

② 私が指摘するのも、[？]のですが……。

③ SNSでの[？]人たちのことは気にせず、がんばっていきましょう。

④ 彼女が評価されないのは、[？]残念だ。

⑤ 深呼吸をしてから、彼女は[？]口を開いた。

⑥ 何かに驚いたのか、犬が[？]駆け出した。

Step3 言葉の意味を確認

603 **口さがない**
好き勝手に、うわさしたり、批評したりするようす。

604 **おこがましい**
自分の立場や能力などを、わきまえない。差し出がましい。生意気だ。

605 **しかつめらしい**
堅苦しくて、もったいぶっているようす。

606 **やにわに**
①いきなり。
②ただちに。たちまち。

607 **おもむろに**
落ち着いて行動するようす。ゆっくりと。

608 **はなはだ**
通常の程度を超えているようす。非常に。たいへんに。

Step2 解答
① しかつめらしい ② おこがましい
③ 口さがない ④ はなはだ
⑤ おもむろに ⑥ やにわに

ひとくちメモ
「おもむろに」はよく、本来とは逆の「突然」「急に」の意味で使われることもあるが、誤り。

Step 1 意味のわかる言葉をチェック☑

- □ 609 据(す)え置(お)く
- □ 610 あげつらう
- □ 611 おもねる
- □ 612 あらがう
- □ 613 うそぶく
- □ 614 とどこおる

Step 2 [?]に当てはまる言葉は？

① やるべきことが急に増え、仕事が[?]。

② 納得できない要求に、とことん[?]。

③ 原材料費が上がったが、価格は[?]ことにする。

④ 出世するために、上司に[?]。

⑤ 「俺のおかげで会社が成り立っている」と、[?]。

⑥ あの人は他人の小さな欠点を、いちいち[?]。

Step 3 言葉の意味を確認

609 据え置く
①そのままの状態にしておく。
②決めた場所に置いておく。

610 あげつらう
ささいなことを取り上げて、あれこれ言う。

611 おもねる
人に気に入られるように機嫌を取る。へつらう。

612 あらがう
抵抗する。逆らう。

613 うそぶく
①えらそうに、大きなことを言う。
②とぼける。

614 とどこおる
①物事がうまく進行しない。
②約束の日が過ぎても、お金を支払わない。

609～614

Step2 解答　①とどこおる　②あらがう　③据え置く　④おもねる　⑤うそぶく　⑥あげつらう

ひとくちメモ　610～614の言葉を漢字で書くと、順に「論う」「阿る」「抗う」「嘯く」「滞る」。

Step 1 意味のわかる言葉をチェック☑

□ 615 代替（だいたい）

□ 616 折衝（せっしょう）

□ 617 示唆（しさ）

□ 618 潮流（ちょうりゅう）

□ 619 精度（せいど）

□ 620 先送り（さきおくり）

Step 2 ［？］に当てはまる言葉は？

① 世界的な［？］に沿って、環境に配慮した商品開発を行う。

② 人間が行っていた作業を、ロボットで［？］する。

③ 問題を［？］せずに、きちんと向き合いましょう。

④ 社長が取材を受け、商品の値上げの可能性を［？］した。

⑤ このシステムの導入で、間違いなく仕事の［？］が高まります。

⑥ 何度も［？］を重ね、互いが納得する結論に達した。

Step 3 言葉の意味を確認

615 代替
それに釣り合うものに、代えること。

616 折衝
問題解決のための駆け引き。

617 示唆
それとなく知らせること。

618 潮流
①潮のみちひきにともなう海水の流れ。
②世の中の動き。時代の流れ。時流。風潮。

619 精度
①計測器や機械などの正確さや精密さの程度。
②仕事や技術における正確さや精密さの程度。

620 先送り
物事の判断や処理を、その時点でやらず、先に延ばすこと。

Step2 解答　① 潮流　② 代替　③ 先送り　④ 示唆　⑤ 精度　⑥ 折衝

ひとくちメモ　「代替」は、「代替案」「代替品」「代替地」のように、あとに言葉をつけて使われることも多い。

Step 1 意味のわかる言葉をチェック☑

□ 621 着想（ちゃくそう）

□ 622 傾聴（けいちょう）

□ 623 不文律（ふぶんりつ）

□ 624 明文化（めいぶんか）

□ 625 一元化（いちげんか）

□ 626 はなむけ

Step 2 [?]に当てはまる言葉は？

① 組織が[?]され、様々なことがスムーズに進むようになった。

② 新たな[?]を得るため、気ままな旅に出る。

③ 新天地での活躍を祈って、[?]の言葉をおくる。

④ 私の会社には、新入社員がそうじを担当するという[?]がある。

⑤ 規定に[?]されておらず、混乱が生じた。

⑥ ライバル会社の社員だが、彼の話は[?]に値する。

Step 3 言葉の意味を確認

621 **着想**
アイデア。思いつき。

622 **傾聴**
耳を傾けて、深く聞くこと。

623 **不文律**
互いに心の中で了解している決まりごと。

624 **明文化**
はっきりと、文書として書きあらわすこと。

625 **一元化**
いくつかに分かれている制度・組織・問題などを、ひとつにまとめること。

626 **はなむけ**
旅立ちや新しい生活を祝い、金品などをおくること。また、そのおくりもの。せんべつ。

621～626

Step2 解答
① 一元化 ② 着想 ③ はなむけ
④ 不文律 ⑤ 明文化 ⑥ 傾聴

ひとくちメモ
「はなむけ」は、昔、旅立つ人の馬の鼻を目的地のほうへ向け、安全を祈願したことに由来する言葉。

Step 1 意味のわかる言葉をチェック☑

- □ 627 謝辞（しゃじ）
- □ 628 成否（せいひ）
- □ 629 先達（せんだつ）
- □ 630 旗艦店（きかんてん）
- □ 631 度外視（どがいし）
- □ 632 距離感（きょりかん）

Step 2 ［？］に当てはまる言葉は？

① 宣伝活動のため、採算を［？］して、販売する。

② 会社を代表して、［？］を述べる。

③ 会社では、適度な［？］を保って、仲間と接しています。

④ ［？］の教えを胸に、研究に精進する。

⑤ プロジェクトの［？］は、彼の手腕にかかっている。

⑥ 服の有名ブランドが、渋谷に［？］をオープンした。

Step 3 言葉の意味を確認

627 **謝辞**
①感謝の言葉
②おわびの言葉。

628 **成否**
成功と失敗。

629 **先達**
①その分野（学問や技芸）の、経験や実績が豊富な先輩。
②案内すること。案内人。

630 **旗艦店**
各地に出店したグループ店の中で、そのブランドを広く知らしめるため、とくに力を入れて運営されている店。

631 **度外視**
考えの中に入れないこと。

632 **距離感**
①あるものまでの距離が、どれくらいあるかをつかむ感覚。
②相手との、心と心の距離。

Step2 解答
① 度外視　② 謝辞　③ 距離感　④ 先達
⑤ 成否　⑥ 旗艦店

ひとくちメモ
「旗艦」とは、「艦隊の司令官・司令長官が乗って指揮をとる軍艦」を意味する言葉。

Step 1 意味のわかる言葉をチェック☑

□ 633 体裁（ていさい）

□ 634 山積（さんせき）

□ 635 翻意（ほんい）

□ 636 局面（きょくめん）

□ 637 善後策（ぜんごさく）

□ 638 弥縫策（びほうさく）

Step 2 [?]に当てはまる言葉は？

① 非常に厳しい[?]で、仕事を引き継ぐことになった。

② 問題が[?]していて、何から手をつけていいのか、わからない。

③ 資金調達の方法を考えたようだが、急場しのぎの[?]に過ぎない。

④ [?]を講じ、失った信頼の回復につとめる。

⑤ 失敗したところを見られて、[?]が悪かった。

⑥ 何度説得されても、彼が[?]することはないだろう。

Step 3 言葉の意味を確認

633 **体裁**
①外から見た感じ。②人に見られたときの、自分のようす。

634 **山積**
高く積み重なっていること。やるべきことが、たくさんたまっていること。やまづみ。

635 **翻意**
決意を変えること。

636 **局面**
①碁や将棋などの盤面。また、その勝負のようす。②物事の状況や成り行き。

637 **善後策**
物事の後始末を、うまくつけるための手段。

638 **弥縫策**
その場しのぎに、とりつくろった方策。

633〜638

Step2 解答　①局面　②山積　③弥縫策　④善後策　⑤体裁　⑥翻意

ひとくちメモ　「善後策」を、「前後策」と間違って書いてしまわないように注意。

年配上司やエライ人がよく使う言い回し

Step 1 意味のわかる言葉をチェック☑

□ 639 ゆめゆめ
□ 640 からくも
□ 641 かくも
□ 642 のべつまくなし
□ 643 ややもすれば

Step 2 [?] に当てはまる言葉は？

① [?] 素敵な会を開いてくださり、ありがとうございます。
② 難しい商談だったが、[?] 成立させたぞ。
③ 彼は落ち着かないようすで、[?] に動き回っていたよ。
④ 周囲への感謝の気持ちを、[?] 忘れるな。
⑤ 連休に入ると、[?] 怠けがちになる。

Step 3 言葉の意味を確認

639 **ゆめゆめ**
①《うしろに「〜するな」のような禁止の表現をともない》決して。
②《うしろに「〜ない」のような打消しの表現をともない》少しも。

640 **からくも**
ぎりぎりのところで。やっとのところで。

641 **かくも**
このように。これほどまで。

642 **のべつまくなし**
休みなく動き続けるようす。ひっきりなしに続けるようす。

643 **ややもすれば**
ある状況や状態になりやすいようす。どうかすると。

Step2 解答
① かくも ② からくも ③ のべつまくなし
④ ゆめゆめ ⑤ ややもすれば

ひとくちメモ
「のべつ」は「ひっきりなし」、「まくなし」は「芝居で、幕を引かずに演技を続けること」の意。

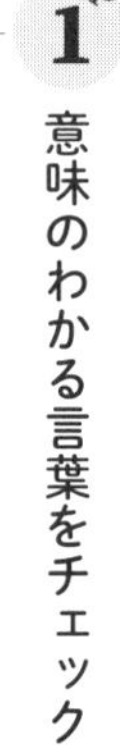

Step 1 意味のわかる言葉をチェック☑

□ 644 度(ど)し難(がた)い

□ 645 つとに

□ 646 なるはや

□ 647 いみじくも

□ 648 あまつさえ

□ 649 すべからく

Step 2 [?] に当てはまる言葉は？

① 日が暮れて寒くなり、[?]雪まで降ってきた。

② 問題を指摘されながら、それを無視し続けた会社の姿勢は[?]。

③ 学生は[?]勉強に励むべし。

④ 例の資料、[?]で完成させて。頼んだよ。

⑤ 彼の名は、業界で[?]知られていた。

⑥ 社長が[?]ご指摘くださった通りだ。

Step 3 言葉の意味を確認

644 度し難い
救いようがない。どうしようもない。

645 つとに
ずっと以前から。

646 なるはや
「なるべく早く」の略。

647 いみじくも
とても上手に。巧みに。まさに。

648 あまつさえ
好ましくない出来事や状況に、別の悪い出来事や状況が加わるようす。そのうえ。おまけに。

649 すべからく
やらなければならないこととして。当然。

644〜649

Step2 解答
① あまつさえ ② 度し難い ③ すべからく
④ なるはや ⑤ つとに ⑥ いみじくも

ひとくちメモ
「すべからく」を、「すべて」の意味で使うのは誤り。

Step 1 意味のわかる言葉をチェック☑

□ 650 ろくすっぽ
□ 651 おいそれと
□ 652 よしなに
□ 653 けだし
□ 654 おっつけ
□ 655 しゃちほこばる

Step 2 ［？］に当てはまる言葉は？

① 今日はもう帰りなさい。［？］寝ていないんだろう？
② 気楽な集まりだから、［？］必要はないよ。
③ ほかのメンバーも、［？］戻ってくるだろう。
④ 例の企画が通ったから、あとは［？］頼むよ。
⑤「仲間同士で争っても仕方がない」と彼は言う。［？］最もなことだ。
⑥ そんなにお願いされても、［？］は引き受けられない。

Step 3 言葉の意味を確認

650 ろくすっぽ
《うしろに「〜ない」のような打消しの表現をともない》十分に物事をなしとげていないようす。

651 おいそれと
簡単に応じるようす。

652 よしなに
うまい具合になるように。よろしく。

653 けだし
確信して、判断するようす。たしかに。まさしく。

654 おっつけ
そのうちに。まもなく。

655 しゃちほこばる
①威厳のある態度をとる。
②緊張してかたくなる。

Step2 解答
① ろくすっぽ　② しゃちほこばる
③ おっつけ　④ よしなに　⑤ けだし
⑥ おいそれと

ひとくちメモ
「しゃちほこばる」は、想像上の動物「鯱（しゃちほこ）」の威厳のある姿に由来している。

Step 1 意味のわかる言葉をチェック☑

□ 656 あわや

□ 657 首尾(しゅび)よく

□ 658 おのずと

□ 659 ごまんと

□ 660 頑是(がんぜ)ない

□ 661 とどのつまり

Step 2 [?] に当てはまる言葉は？

① 善悪がわかる話だ。[?] 子どもでも、

② あせるな。あきらかになるだろう。[?] 結果は、

③ 残っている仕事が、まだ [?] あって、うんざりする。

④ [?] 大惨事だったが、無傷ですんだ。

⑤ [?]、今回の交渉は、うまくいかなかったということだな。

⑥ [?] いったら、みんなでお祝いしよう。

Step 3 言葉の意味を確認

656 **あわや**
危険や不幸な出来事が及ぶ、ぎりぎりの状態であるようす。危うく。

657 **首尾よく**
（物事の処理・結果などが）うまい具合に。

658 **おのずと**
ほうっておいても、いずれなしとげられるようす。自然に。ひとりでに。

659 **ごまんと**
たくさん。山ほど。

660 **頑是ない**
①幼いため、物事の道理がよくわからないようす。
②あどけない。無邪気だ。

661 **とどのつまり**
結局。最終的には。

656〜661

Step2 解答
① 頑是ない ② おのずと ③ ごまんと
④ あわや ⑤ とどのつまり ⑥ 首尾よく

ひとくちメモ
「とどのつまり」は、魚のボラが成長すると名が変わり、最後にトドという名になることに由来。

Step 1 意味のわかる言葉をチェック

□ 662 現に（げん）

□ 663 ひとえに

□ 664 得々（とくとく）

□ 665 さぞかし

□ 666 ひいては

□ 667 ひるがえって

Step 2 ？ に当てはまる言葉は？

① 休みの日に偶然、社長に会ったそうだよ。？ 驚いただろうね。

② 今回の成功は、？ みんなのおかげだ。

③ 彼女は日々、努力している。？、我々はどうだろうか。

④ 部署の評判、？ 会社の評判を高めることになる。

⑤ 君はお化けを信じないかもしれないが、？ 見た人もいるんだ。

⑥ 手柄を ？ として語っていたけど、無理もないことだね。

Step 3 言葉の意味を確認

662 **現に**
想像ではなく、事実であるようす。現実に。実際に。

663 **ひとえに**
それに尽きるようす。ひたすらに。もっぱら。

664 **得々**
得意そうなようす。

665 **さぞかし**
程度のすごさを、推測しているようす。きっと。さぞ。さぞや。

666 **ひいては**
事柄の範囲が、さらに広がるようす。さらには。それが原因となって。

667 **ひるがえって**
これとは反対に。

Step2 解答
① さぞかし ② ひとえに ③ ひるがえって
④ ひいては ⑤ 現に ⑥ 得々

ひとくちメモ
「現に」は、自分の主張が正しいことを相手に認めさせようとする際に、よく使われる。

Step 1 意味のわかる言葉をチェック☑

□ 668 遺憾（いかん）
□ 669 呼び水（よびみず）
□ 670 及び腰（およびごし）
□ 671 正攻法（せいこうほう）
□ 672 名前負け（なまえまけ）
□ 673 上がったり（あがったり）

Step 2 ［？］に当てはまる言葉は？

① 強気な相手との話し合いにも、［？］になってはダメだ。
② 今回の結末は、はなはだ［？］だ。
③ 大層な役職名に［？］しないよう、がんばるよ。
④ 連日の雨で、商売も［？］だ。
⑤ 彼の発言が［？］となって、その後の議論が白熱したね。
⑥ まずは［？］でやってみて、それがダメなら、別の方法を考えよう。

Step 3 言葉の意味を確認

668 **遺憾**
残念に思うこと。期待通りにならず、心残りなこと。

669 **呼び水**
ある物事が起きる、きっかけとなるもの。

670 **及び腰**
①腰を曲げて手を伸ばす不安定な姿勢。
②自信のなさそうな、おどおどした態度。

671 **正攻法**
正々堂々とした攻め方。最もよいとされる一般的な方法。

672 **名前負け**
名前が立派すぎて、中身がともなわないこと。

673 **上がったり**
商売や仕事などがふるわないで、どうしようもないこと。

668～673

Step2 解答　①及び腰　②遺憾　③名前負け　④上がったり　⑤呼び水　⑥正攻法

ひとくちメモ　「相手の評判などにおじけづく」という意味で、「名前負け」を使うのは誤り。

よく耳にする四字熟語・慣用句・故事ことわざ

Step1 意味のわかる言葉をチェック☑

□ 674 快刀乱麻（かいとうらんま）
□ 675 意味深長（いみしんちょう）
□ 676 呉越同舟（ごえつどうしゅう）
□ 677 付和雷同（ふわらいどう）
□ 678 時期尚早（じきしょうそう）

Step2 ［?］に当てはまる言葉は？

① 安易に［?］せず、自分の意見をしっかり持とう。
② ライバル企業同士が［?］し、物流システムの相互協力に乗り出した。
③ いやー、すばらしい！［?］の活躍だったね。
④ 十分な準備ができていない。その計画を実行に移すのは、［?］だろう。
⑤ クライアントの［?］な発言が、気になって仕方がない。

Step3 言葉の意味を確認

674 **快刀乱麻**
こじれた問題を、あざやかに処理したり、解決したりすることのたとえ。

675 **意味深長**
①奥深い意味のあること。
②表面上とは別の意味が隠されていること。

676 **呉越同舟**
仲の悪い者同士が、同じ場所にいたり、いっしょに行動したりすること。

677 **付和雷同**
これといった主義や主張がなく、すぐに別の意見に賛成すること。

678 **時期尚早**
それを実行するには、まだ早すぎること。

Step2 解答 ① 付和雷同 ② 呉越同舟 ③ 快刀乱麻 ④ 時期尚早 ⑤ 意味深長

ひとくちメモ 「意味深長」の「深長」を、「慎重」と書かないように注意。

Step 1 意味のわかる言葉をチェック☑

□ 679 当意即妙（とういそくみょう）

□ 680 昼夜兼行（ちゅうやけんこう）

□ 681 温厚篤実（おんこうとくじつ）

□ 682 是是非非（ぜぜひひ）

□ 683 我田引水（がでんいんすい）

□ 684 汚名返上（おめいへんじょう）

Step 2 [？]に当てはまる言葉は？

① 彼の提案は[？]の傾向が強く、賛同を得られないことが多い。

② 彼の[？]な受け答えに、感心させられた。

③ 前回は失敗したが、今回はうまくいき、[？]となった。

④ 彼は[？]な性格で、本当に信頼できる人物だよ。

⑤ 特定の人物に肩入れせず、[？]で判断する。

⑥ [？]で作業を続け、なんとか期日通りに仕事を終わらせた。

Step 3 言葉の意味を確認

679 **当意即妙**
その場の状況に合わせ、すばやく対応すること。

680 **昼夜兼行**
昼も夜も休まずに、仕事を続けること。

681 **温厚篤実**
性格がおだやかで、誠実なこと。

682 **是是非非**
よいことはよい、悪いことは悪いと公平に判断すること。

683 **我田引水**
自分に都合のいいように説明したり、行動したりすること。

684 **汚名返上**
以前の失敗によってこうむった不名誉な評判を、自分の力で打ち消すこと。

Step2 解答
① 我田引水 ② 当意即妙 ③ 汚名返上
④ 温厚篤実 ⑤ 是是非非 ⑥ 昼夜兼行

ひとくちメモ
「我田引水」には、「自分の田にだけ水を引きこむ」という意味がこめられている。

Step 1 意味のわかる言葉をチェック☑

☐ 685 押(お)っ取(と)り刀(がたな)

☐ 686 折(お)り紙(がみ)付(つ)き

☐ 687 身(み)に余(あま)る

☐ 688 買(か)って出(で)る

☐ 689 日(ひ)の目(め)を見(み)る

☐ 690 暗礁(あんしょう)に乗(の)り上(あ)げる

Step 2 [?] に当てはまる言葉は？

① 彼の能力は [?] だ。きっと活躍してくれるだろう。

② 発売から長く注目されていなかった商品が、ようやく [?] 。

③ 「私がやります」と、まとめ役を [?] 。

④ [?] お言葉、ありがとうございます。

⑤ 資金の目処がつかず、計画が [?] 。

⑥ 連絡を受けて、[?] で駆けつけた。

Step 3 言葉の意味を確認

685 **押っ取り刀**
緊急時に、急いで駆けつけるようす。

686 **折り紙付き**
そのものの価値や実力が、保証できること。

687 **身に余る**
自分の身分や能力などに釣り合わず、もったいないほどである。

688 **買って出る**
自ら進んで引き受ける。

689 **日の目を見る**
それまで正当に評価されていなかったものが、ようやく認められる。

690 **暗礁に乗り上げる**
思わぬ障害で、物事の進行がさまたげられる。

Step2 解答
① 折り紙付き ② 日の目を見る
③ 買って出る ④ 身に余る
⑤ 暗礁に乗り上げる ⑥ 押っ取り刀

ひとくちメモ
「押っ取り刀」は、危機がせまった際、刀を腰にさすひまがなく、手に持ったままでいることから。

Step 1 意味のわかる言葉をチェック☑

□ 691 白眉（はくび）

□ 692 一も二もなく（いちもにもなく）

□ 693 息が長い（いきがながい）

□ 694 胸がすく（むねがすく）

□ 695 平行線をたどる（へいこうせんをたどる）

□ 696 歯止めをかける（はどめをかける）

Step 2 ？に当てはまる言葉は？

① 発売から50年経っても売れ続けている、？商品。

② 魅力的な提案に、？飛びついた。

③ 今回の展示会では、この作品が？だ。

④ 退職者の増加に？ため、経営陣は働き方と給与の見直しを行った。

⑤ ためこんでいたものをすべて言い、？思いだ。

⑥ 互いに主張をゆずらず、議論が？。

Step 3 言葉の意味を確認

691 **白眉**
たくさんの中で、最も優れているもの。

692 **一も二もなく**
あれこれ言うまでもなく。すぐさま。

693 **息が長い**
人気や価値を備えたまま、長い期間、続いている。

694 **胸がすく**
胸のつかえがとれ、気分がすっきりする。

695 **平行線をたどる**
両者の意見などが、交わることなく、どこまでも対立したままであること。

696 **歯止めをかける**
物事が行き過ぎ、悪い方向へ進まないように、抑える。

691〜696

Step2解答　① 息が長い　② 一も二もなく　③ 白眉　④ 歯止めをかける　⑤ 胸がすく　⑥ 平行線をたどる

ひとくちメモ　「白眉」は、馬良という人物が５人兄弟の中でとくに優秀で、その眉が白かったという中国の故事に由来。

Step 1 意味のわかる言葉をチェック☑

□ 697 目鼻（めはな）がつく

□ 698 呼（よ）び声（ごえ）が高（たか）い

□ 699 言葉（ことば）をにごす

□ 700 足（あし）をすくわれる

□ 701 割（わり）に合（あ）わない

□ 702 思（おも）い立（た）ったが吉日（きちじつ）

Step 2 [?] に当てはまる言葉は？

① 計画の [?] まで、まだだいぶ時間がかかりそうだ。

② 負けるとは思ってもいなかった相手に、[?]。

③ 「君は知っていたのか?」と問われ、[?]。

④ [?] だ、今日から早速やってみよう。

⑤ 「大ヒット間違いなし!」との [?] 新作ゲーム。

⑥ こんなに働いて、これだけの報酬しかもらえないなんて、[?] よ。

Step 3 言葉の意味を確認

697 **目鼻がつく**
だいたいのことが決まる。

698 **呼び声が高い**
そうなるだろうとの、評判が高い。

699 **言葉をにごす**
はっきり言わないで、ごまかす。

700 **足をすくわれる**
油断したところを、失敗、敗北させられる。

701 **割に合わない**
労力とそれによって得られる利益などが低すぎて、釣り合わない。

702 **思い立ったが吉日**
何かをしようと思ったら、その日を吉日（何かをやるのに縁起がいい日）と思い、すぐにやるのがいい。

Step2 解答
① 目鼻がつく ② 足をすくわれる
③ 言葉をにごす ④ 思い立ったが吉日
⑤ 呼び声が高い ⑥ 割に合わない

ひとくちメモ
「足をすくわれる」を、「足もとをすくわれる」とするのは、誤り。

Step 1 意味のわかる言葉をチェック☑

□ 703 対岸の火事（たいがんのかじ）

□ 704 他山の石（たざんのいし）

□ 705 隔世の感（かくせいのかん）

□ 706 断腸の思い（だんちょうのおもい）

□ 707 苦肉の策（くにくのさく）

□ 708 破竹の勢い（はちくのいきおい）

Step 2 [?] に当てはまる言葉は？

① 準備をがんばってきたが、大雨のため、[?] でイベントを中止した。

② [?] で売り上げを伸ばし、わずか数年で、日本を代表する企業になった。

③ 職場では禁煙が当たり前となった。30年前と比べると、[?] があるね。

④ 来場者が殺到したため、[?] で、入場時間帯を午前と午後に分けた。

⑤ A社の失敗を [?] とし、販売計画の見直しを行う。

⑥ A社の失敗を、[?] と思うな！

Step 3 言葉の意味を確認

703 **対岸の火事**
他人にとっては重大事だが、自分には何の苦痛もなく、関係がないこと。

704 **他山の石**
自分の成長の助けとなる、他人のよくない出来事や言動。

705 **隔世の感**
昔と比べ、時代がすっかり変わってしまったなという感覚。

706 **断腸の思い**
腸がちぎれるほどの、悲しく、つらい思い。

707 **苦肉の策**
苦しまぎれに考えた対策。

708 **破竹の勢い**
とても抑えきれないほど、勢いがすさまじいこと。

703〜708

Step2 解答
① 断腸の思い ② 破竹の勢い ③ 隔世の感
④ 苦肉の策 ⑤ 他山の石 ⑥ 対岸の火事

ひとくちメモ
「他山の石」には、「他の山から出た質の悪い石も自分の玉を磨くのに役立つ」という意味がこめられている。

Step 1 意味のわかる言葉をチェック☑

□ 709 信を問う
□ 710 しのぎを削る
□ 711 矢面に立つ
□ 712 千里の道も一歩から
□ 713 木を見て森を見ず
□ 714 能ある鷹は爪を隠す

Step 2 [?] に当てはまる言葉は？

① 会社の代表として、批判の [?] 。
② 彼は、頭のよさをひけらかすことがない。[?] だね。
③ 今回の定時株主総会は、経営再建を目指す現経営陣の [?] 場となった。
④ 業界シェアナンバーワンを目指し、ライバル企業と [?] 。
⑤ 全体のコンセプトを、今一度、共有しよう。[?] にならないよう、
⑥ まずは、基本的なことからやっていこう。[?] だ。

Step 3 言葉の意味を確認

709 **信を問う**
自分を信用して任せるかどうか、相手にたずねる。

710 **しのぎを削る**
激しく争う。

711 **矢面に立つ**
抗議などを、まともに受ける立場に立つ。

712 **千里の道も一歩から**
大きな目標を達成するには、手近なことから、こつこつやることが大切である。

713 **木を見て森を見ず**
こまかいところばかりに注意を払い、全体をおろそかにしてしまうこと。

714 **能ある鷹は爪を隠す**
本当に能力のある人は、それをわざと表に出すことはしない。

Step2 解答
① 矢面に立つ　② 能ある鷹は爪を隠す
③ 信を問う　④ しのぎを削る
⑤ 木を見て森を見ず　⑥ 千里の道も一歩から

ひとくちメモ
「しのぎを削る」の「しのぎ」は、刀剣の、刃と峰との間の高くなっているところのこと。

Step 1 意味のわかる言葉をチェック☑

□ 715 石(いし)にかじりついても

□ 716 元(もと)も子(こ)もない

□ 717 意(い)に介(かい)さない

□ 718 枚挙(まいきょ)にいとまがない

□ 719 おくびにも出(だ)さない

□ 720 勝(か)ってかぶとの緒(お)をしめよ

Step 2 ？ に当てはまる言葉は？

① 営業利益が目標を上回ったが、社長は「 ？ 」と、社員にさけんだ。

② どんなにがんばっても、体を壊したら ？ よ。

③ 彼女のこれまでの功績は、 ？ 。間違いなく、将来の社長候補だ。

④ ？ 、やってみせます。私に任せてください。

⑤ 彼女は批判されても ？ 、強いメンタルの持ち主だ。

⑥ 彼女は彼を苦手にしているようだが、その感情を ？ 。

Step 3 言葉の意味を確認

715 **石にかじりついても**
どんなに苦労しても、我慢して。

716 **元も子もない**
すべてを失い、何もない。

717 **意に介さない**
気にしない。

718 **枚挙にいとまがない**
たくさんありすぎて、数えることができない。

719 **おくびにも出さない**
隠していることを、まったく表面に出さない。「おくびにも見せない」とも。

720 **勝ってかぶとの緒をしめよ**
勝利したり、成功したりしたからといって、油断をせずに、心を引きしめなさい。

715〜720

Step2 解答
① 勝ってかぶとの緒をしめよ ② 元も子もない
③ 枚挙にいとまがない ④ 石にかじりついても
⑤ 意に介さない ⑥ おくびにも出さない

ひとくちメモ
「おくびにも出さない」の「おくび」とは、「げっぷ」のこと。

理解度チェック!

（解答は143ページ）

Q1

次の語を、ほかの語で言いかえると?　　　の中からひとつ、選びましょう。

① **当面**
② **おもむろに**
③ **けだし**
④ **とどのつまり**
⑤ **一も二もなく**

たしかに　いい具合に　今のところ
大部分　ゆっくりと　すぐさま
ひとりでに　たくさん　結局

Q2

太字の語句が、正しく使われている文章をふたつ、選びましょう。

① 「皆様のおかげです。感謝します」と、出席者にむけて**謝辞**を述べた。
② A社で起きた事故を**他山の石**とせず、社内システムの点検を行おう。
③ すばらしい製品なので、来年の今頃には、**つとに**有名になっているに違いない。
④ 彼女が宣伝を担当した商品は、**すべからく**ヒットしている。
⑤ それはいいアイデアですね。協力することに**やぶさか**ではありません。

索引

あ・ア

い・イ

索引

け・ケ

こ・コ

さ・サ

し・シ

索引

索引

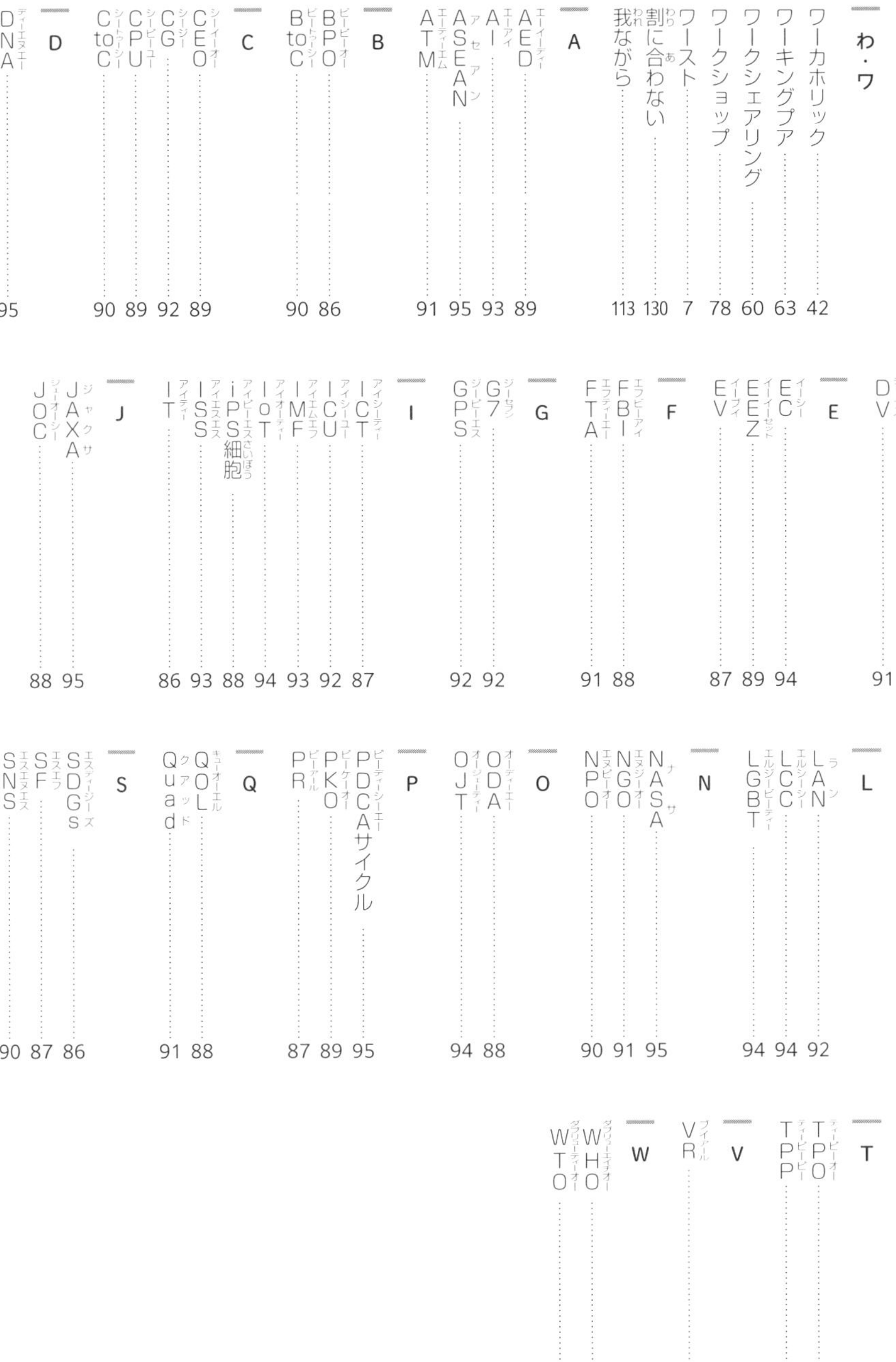

理解度チェック！ 解答

第1章（54ページ）

A1 ①根拠 ②優先順位 ③再確認 ④初期費用 ⑤予算

解説▼ほかの選択肢に対応する、カタカナ語の例も確認しておきましょう。保留（ペンディング）、先入観（バイアス）、縮小（シュリンク）、企業統治（コーポレートガバナンス）、戦略（ストラテジー）、段階（フェーズ）、潜在能力（ポテンシャル）

A2 ②と③

解説▼①の「コンフィデンシャル」は、「機密であること」という意味なので誤り。④の「エンゲージメント」は、「会社への愛着」という意味なので、「エンゲージメントが向上するよう努力する」なら、正解になります。⑤の「リスケ」は、「日程などの調整」という意味。この文章であれば、「リスケ」ではなく、「リスク（危険）」を使用するのが正解です。

第2章（96ページ）

A1 ①政治体制 ②少数派 ③隠喩 ④多様性 ⑤緊急輸入制限

解説▼ほかの選択肢に対応する、カタカナ語の例も確認しておきましょう。商業主義（コマーシャリズム）、箴言（アフォリズム）、統率力（キャプテンシー）、副業（サイドビジネス）、権威（オーソリティー）、終末期医療（ターミナルケア）

A2 ②と④

解説▼①の「アダルトチルドレン」は、「おとなになりきれないおとな」という意味ではありません。③の「モーダルシフト」は、「輸送の形態を、トラックから鉄道や船などに切り替えること」という意味。⑤の「ディテール」は、「こまかい部分」という意味なので誤り。

第3章（134ページ）

A1 ①今のところ ②ゆっくりと ③たしかに ④結局 ⑤すぐさま

解説▼②の「おもむろに」を、「突然」の意味で使う人も多いですが、逆の意味になり、誤りです。

A2 ①と⑤

解説▼②は、「他山の石として」あるいは「対岸の火事とせず」とすれば、正しい文章になります。③の「つとに」は、「ずっと以前から」という意味なので誤り。④の「すべからく」は、「当然」という意味。「すべて」の意味で使用するのは誤りです。

著：「ビジネス語彙トレ」編集室

本文デザイン・DTP：鳥羽編集事務所

本文イラスト：徳宮なっつ／PIXTA

正しく使いこなすためのビジネス語彙トレ プレゼン・打合せで役立つカタカナ語&頻出ワード720

2023年8月25日　第1版・第1刷発行

著　者　「ビジネス語彙トレ」編集室（ビジネスごいトレへんしゅうしつ）
発行者　株式会社メイツユニバーサルコンテンツ
　　　　代表者　大羽 孝志
　　　　〒102-0093 東京都千代田区平河町一丁目1-8
印　刷　シナノ印刷株式会社

●定価はカバーに表示してあります。
 ISBN978-4-7804-2785-1 C0081 Printed in Japan.

ご意見・ご感想はホームページから承っております。
ウェブサイト　https://www.mates-publishing.co.jp/

企画担当：折居かおる